【令和6年度介護報酬改定対応】

運営指導はこれでOK!

おさえておきたい

算定要件
訪問介護編

小濱道博 著

JN241421

第一法規

はじめに　今後の介護事業経営における加算算定の重要性

■過去最大規模となった令和6年度介護報酬改定

　令和6年度介護報酬改定は、過去最大規模の改定となりました。それは、変更項目が過去最大という意味でもあります。人員基準、運営基準はもとより、既存の加算の多くに、算定要件の変更がありました。今回の改定にあたる審議では、複雑化する算定要件の簡素化も大きなテーマでした。確かに、新たな介護職員等処遇改善加算における要件など、簡素化されたものもあります。しかし、全体的に見て簡素化されたという実感は薄いと感じます。通所介護における入浴介助加算での入浴介助研修要件の追加など、負担が増えたと感じる改定項目も多くあります。

■既存の加算の改定にも目を向けて

　前回の改定あたりから、既存の加算の算定要件が変更となることが増えています。それまでの介護報酬改定では、基本報酬の増減と新加算の創設が主な内容であったため、新加算を算定しない場合は、特に日常業務の内容を見直す必要がありませんでした。改定内容にアンテナを張ることもなく、単に従来通りの業務をくり返すだけで足りた時代がありました。今は、自らセミナーに参加するなどして、最新情報にアンテナを張らないとならない時代となっています。入浴介助研修を行わずに加算算定を続けた事業所は、運営指導において返還指導を受けることになります。

■体制届の漏れに注意

　また、体制届のルール変更も大きな改定でした。従来は、減算に該当する場合に体制届を提出していました。今回からは、減算に該当しない旨の届出を提出しないと、無条件で減算対象と見なされます。BCP、高齢者虐待防止及び介護保健施設における栄養マネジメントの減算がこれに当たります。介護事業者は、この変更を知らなかったでは済まされません。さらに、令和6年3月で約3年続いたコロナ禍特例も廃止となっています。今後は、コロナ感染などを理由とした人員の欠員は、無条件で減算につながっていきます。

はじめに　今後の介護事業経営における加算算定の重要性

■ 加算を算定する意義

　これまで、介護事業者の中には加算の算定をあえて避ける風潮もありました。それは、加算の算定によって利用者の自己負担が増加することなどから、担当のケアマネジャーが加算算定の少ない事業者を優先する傾向もあったためです。これは介護業界の平均利益率が8％を超えていた過去の時代の考え方でした。当時は基本報酬だけで収益の確保は十分で、加算を算定することは儲け主義であるというような評価もあったためです。この傾向は、いまだにケアマネジャーの一部が引きずっているようです。

　しかし、令和6年度介護報酬改定において基本報酬の引き上げが実質的に叶わなかったことから、加算算定が重要なテーマとなっています。そもそも加算とは、国が介護事業者に求めるハードルに報酬をつけたものです。加算をより多く算定する事業所は、質の高いサービスを行っていると評価されるのです。加算算定ができない事業所は、国の求めるレベルに達していない事業所ともいえます。

　どのような商品やサービスでも質の高いものは価格も高いのです。価格の安いものはそれなりです。介護サービスも同様で、利用者負担は一割に過ぎません。介護事業の経営においても、加算の算定が明暗を分けます。報酬改定の審議においてメリハリという言葉が何度も語られました。今回はメリハリの改定です。どこかを引き上げたら、どこかを引き下げる。これがメリハリです。

　例えば、訪問介護は基本報酬が2％以上も引き下げられました。訪問介護は、加算の種類が少ないサービスです。そのような状況で、特定事業所加算の算定が重要になっています。新区分Ⅳは3％の加算率であり、この区分を算定することで基本報酬のマイナスは補填できます。問題は、会議や文章での伝達といった基本要件での事務負担の増加です。事務負担の軽減策は、業務効率化とICT化が一般的です。ICT補助金や助成金を有効活用することも必要です。今後は、有効なアドバイスが出来るブレーン確保や、業務負担を軽減するためのオンラインサービスの活用がキーポイントになるでしょう。従来の手法が通じなくなっています。「今までが」ではなく、「これからどうするか」です。思考の転換が急務です。

　このような環境変化の中で、この本を経営の一助としてご活用いただければ幸いです。

本書の活用と訪問介護のルールについて

　訪問介護を提供するに当たっては、介護保険法をはじめ、運営基準や介護報酬について定めた法令や通知、条例を遵守しなければなりません。法令等にはさまざまなものがありますが、次のものは最低限おさえておきましょう。

●人員・設備・運営基準

種別	法令・通知名	番号
省令	指定居宅サービス等の事業の人員、設備及び運営に関する基準	平成11年3月31日 厚生省令第37号
通知	指定居宅サービス等及び指定介護予防サービス等に関する基準について	平成11年9月17日 老企第25号
条例※	「〇〇県指定居宅サービス等の事業の人員、設備及び運営に関する基準を定める条例」「〇〇市介護保険事業等の人員、設備及び運営に関する基準を定める条例」など、都道府県・政令指定都市・中核市で制定する人員・設備・運営に関する基準を定めた条例	

※人員・設備・運営に関する基準については、各都道府県・政令指定都市・中核市等が省令（指定居宅サービス等の事業の人員、設備及び運営に関する基準）をベースにして、地域の特性に合わせた**独自の条例**を制定しています。事業所の所在する地域の条例を必ず確認しましょう。

●介護報酬

種別	法令・通知名	番号
告示	指定居宅サービスに要する費用の額の算定に関する基準	平成12年2月10日 厚生省告示第19号
告示	厚生労働大臣が定める基準	平成27年3月23日 厚生労働省告示第95号
告示	厚生労働大臣が定める基準に適合する利用者等	平成27年3月23日 厚生労働省告示第94号
告示	厚生労働大臣が定める施設基準	平成27年3月23日 厚生労働省告示第96号
通知	指定居宅サービスに要する費用の額の算定に関する基準（訪問通所サービス、居宅療養管理指導及び福祉用具貸与に係る部分）及び指定居宅介護支援に要する費用の額の算定に関する基準の制定に伴う実施上の留意事項について	平成12年3月1日 老企第36号

注意！
→ 本書の内容は、上記法令（告示・省令・通知）等の一般的な解釈に基づくもので、**各地域の条例やローカルルールのすべてを網羅するものではありません**。実際の運用に当たっては、条例の規定と保険者（都道府県・市町村）の意見等を確認してください。
→ 本書の内容は、**令和6年6月1日現在**の法令の規定内容に基づいて作成しています。
→ 法令・条例や通知は改正されることがありますので、**常に最新の情報を確認する**ようにしてください。

運営指導の「リスク」は何か

■ 令和4年度の介護事業者の指定取消し、全部停止、一部停止とした行政処分件数は86件

　介護事業者の行政処分件数は、平成25年から平成29年は、5年連続で200件を超えていました。しかし、平成30年以降は減少傾向にあります。平成30年度は、居宅介護支援事業所の指定の窓口が都道府県から市町村に移譲されたことから、同時に運営指導についても移譲されたことが原因としてあげられます。令和元年度については令和2年初頭からのコロナ禍の影響で、ほとんどの自治体で運営指導が中止もしくは延期されたことが大きかったとされています。

　また、令和元年5月29日に発出された通知、「介護保険施設等に対する実地指導の標準化・効率化等の運用指針について」によって、運営指導の方向が激変しました。この通知は、運営指導を効率化して年間の指導件数を増やすことが主たる目的です。従来は一日作業であった現地指導を半日に短縮して一日に複数件の運営指導を行うように求めました。これによって、現在は半日型の運営指導が全国的に増えています。今後の情勢によっては、運営指導の実施率が上がっていくことも考えられます。

■ローカルルールも確認を

　毎年6月は、新年度の運営指導が本格的にスタートする月です。自治体は4月に人事異動があるためです。運営指導を担当する地方公務員の異動の頻度は、3から4年に1回程度が一般的です。これは、同じ部署を長期間担当しないことで不正や汚職を防止するという意味もあります。そのため、地域によっては介護保険を所轄する部署の担当課長などが3年程度で替わるたびに、ローカルルールが変わる問題も起こっています。自治体は、事業者から説明を求められた場合には、ローカルルールの必要性を説明する必要があるとされています。疑問点があれば、必ず自治体に確認してください。

訪問介護事業所は指定の取消し処分が最も多い
危機感を持つべき！

　令和4年度に指定取消し・停止処分となった介護サービスは、訪問介護・短期入所生活介護が最も多く、それぞれ13件、2番目に居宅介護支援で12件です。

　介護事業者は、介護事業の指定申請をする段階で、経営者の誓約書を必ず提出しているはずです。この誓約書は法令を遵守することの誓約書ですから、介護事業者は、自らの法令知識の不足を、役所の説明不足と言い逃れることはできません。自己責任において最新の法令、基準、通知、Q＆Aなどの情報を得て確実に消化しなければならないのです。

リスクは指定の取消し処分だけではない
介護報酬の返還指導、改善報告を求められることも多い

　リスクは、指定取消し等の営業を継続することが不可能となるような処分だけではありません。その他の指導の件数は非常に多く、他人事とはいえない状況です。令和4年度の運営指導の結果、**半数以上の事業所が「改善報告」を求められ、1割近くの事業所が「過誤調整」**を指示されています。

　過誤調整とは、間違った介護報酬の請求をしていたため、返還を指導されたということです。せっかく得た介護報酬を失うばかりではなく、請求金額に誤りがあったということは、利用者の信用を失うことにもつながります。また改善報告にしても、作成するために労力を費やすこととなってしまいます。

■ **虐待が疑われる場合は事前通知なしの指導が可能となっている**

　現制度では、利用者への虐待が疑われる場合には、事前の通知なしで運営指導を行うことが可能となっています。これは、施設サービスに限らず、訪問介護などの在宅サービスも例外ではありません。いつ運営指導がきても対応できるように、日常的なコンプライアンス体制の確保が重要です。

■ 運営指導で指摘事項ゼロは実現できる

　コンプライアンス対策以前に、制度を知らない介護事業所が多いのも事実です。しかし、介護事業所にとって運営指導で指摘事項がゼロであることは当然のことなのです。

　運営指導対策やコンプライアンスの理解は、経営陣や責任者だけが学んでも意味がありません。**全職員レベルで法令の理解を進めて、日頃から自信をもって仕事をしていけるような職場作りが大切です。**

　職員一人ひとりが運営基準など制度について正しい知識をもっていれば、職員同士で間違いがないか確認し合うことができます。指摘事項がない事業所は、このようにして事前にチェックできる体制が整っているのです。

■ 「忙しい」「面倒だから」は命取りになる

　コンプライアンス対策の手抜きは介護報酬の返還等につながります。「自分は理解しているから大丈夫」という慢心や、「面倒だから」という油断が行政指導に直結します。

　また、コンプライアンスは運営指導のためだけではありません。運営基準は安全にサービスを提供するために定められているものです。事業所を守るためだけではなく、利用者を守ることにもつながります。「誰のためのサービスか」ということを振り返り、その大切さを認識してください。

■ 日頃からの準備・対策が基本！

　運営指導がいつ来てもよいように、日頃からの準備が大切です。運営指導でおさえておくべきポイントは、まず職員の配置、設備の基準、利用者への適切な説明ができているかを確認するいわゆる「**運営基準**」と、適切な介護報酬を請求する条件を満たしているかという「**算定要件**」です。

　本書では、第1章で運営基準、第2章で算定要件の解説をしています。特に算定要件についての理解が深まると積極的に加算を取得していくことができ、事業所の経営にも大きなメリットをもたらします。

　また、実際に指摘された事例も紹介しています。より具体的に、身近な例として捉えていただければ幸いです。

令和6年度介護報酬改定の総括（訪問介護）

■基本報酬が引き下げに

　今回の介護報酬改定は、すべての介護サービスがプラス改定となったわけではありません。基本報酬において訪問介護は、30分以上1時間未満の身体介護で見た場合、2.3％のマイナスとなっています。単位にして9単位の減額です。ホームヘルパー不足が表面化して、経営的に厳しさを増している訪問介護の大きな減額は、介護業界を震撼させました。訪問介護は加算の算定でマイナス分をリカバリしようにも、位置づけられている加算の種類が圧倒的に少ないのが現実です。稼働率を上げて対応しようにも、ホームヘルパーの有効求人倍率が15倍を軽く超えている現状では、それも難しい状況といえます。

■特定事業所加算の算定

　このような状況で算定すべき加算は、特定事業所加算です。加算率は請求金額の3％～20％の5区分となっています。もちろん、算定要件のハードルは高く容易に算定はできないのですが優先事項として検討すべきです。その中でも新区分Ⅳは、3％の加算率です。この区分を算定することで基本報酬のマイナスは補填できます。算定要件も、会議や研修の実施といった基本要件を満たした上で、サービス提供責任者を規定よりも1人多く配置することでも算定が可能となりました。従来の勤続7年以上の介護職員が30％以上という算定要件とのいずれかを満たすことで算定できます。この勤続年数もQ&Aにおいて、同じ法人内であれば他の介護サービスでの介護職員としての勤務年数を通算できるとされました。もともと特定事業所加算の算定割合が少ないため、多くの訪問介護の収益を改善する可能性は高いといえます。

目次

はじめに　今後の介護事業経営における加算算定の重要性 ……… ii
運営指導の「リスク」は何か ……………………………………… v
コラム　令和6年度介護報酬改定の総括（訪問介護）……………… viii

第1章
人員・設備・運営基準　－指定取消しにならないために－

1 人員基準 …………………………………………………………… 2
指導事例1　たった2万円強の不正請求でも指定取消しに ……… 9
- ●解説　常勤換算方法 ……………………………………………… 10
- ●解説　常勤と非常勤、専従と兼務 ……………………………… 12
- ●解説　利用者数の計算方法 ……………………………………… 15
- ●解説　利用者が40人を超える事業所のサービス提供責任者 … 16
- ●解説　サービス提供責任者の配置の特例
  　　　（利用者50人に対して1人以上の配置）……………………… 18

2 設備基準 …………………………………………………………… 20

3 運営基準 …………………………………………………………… 22
- (1) 運営規程、重要事項説明書、契約書 ………………………… 22
- **指導事例2**　職員の虚偽申請等により介護報酬全額が返還対象に …… 25
- (2) 個人情報利用の同意書 ………………………………………… 26
- (3) その他の運営基準 ……………………………………………… 30
  - ●解説　高齢者の虐待の発生等を防止する措置 ………………… 44
  - ●解説　感染症の予防及びまん延の防止のための措置 ………… 46
- (4) ケアマネジメントプロセス …………………………………… 48
- (5) ケアプランとの整合性 ………………………………………… 53
- (6) 訪問介護計画 …………………………………………………… 55
- (7) 会計の区分 ……………………………………………………… 58

(8)　介護サービス事業者経営情報の公表義務……………………………60
　指導事例3　人員基準違反や減算逃れによる指定取消し………………………62

第2章
介護報酬の算定要件　－報酬返還にならないために－

1　訪問介護費……………………………………………………………………65
　●解説　2時間ルールの適用……………………………………………73
　●解説　自立生活支援のための見守り的援助…………………………74
　●解説　頻回の訪問ができる「20分未満の身体介護」………………75

2　減　算………………………………………………………………………76
　(1)　同一建物減算…………………………………………………………76
　　●解説　同一敷地内建物等の居住者への提供割合…………………80
　(2)　高齢者虐待防止措置未実施減算……………………………………82
　(3)　業務継続計画未策定減算……………………………………………84

3　加　算………………………………………………………………………86
　(1)　身体介護に引き続き生活援助を行った場合（生活援助加算）………86
　(2)　2人の訪問介護員等による場合……………………………………88
　(3)　夜間早朝・深夜の場合………………………………………………89
　(4)　特定事業所加算………………………………………………………90
　　●解説　重度要介護者の利用者の割合………………………………106
　(5)　特別地域訪問介護加算………………………………………………108
　(6)　中山間地域等における小規模事業所加算…………………………110
　(7)　中山間地域等に居住する者へのサービス提供加算………………112
　(8)　緊急時訪問介護加算…………………………………………………114
　(9)　初回加算………………………………………………………………116
　(10)　生活機能向上連携加算………………………………………………118

(11) 口腔連携強化加算	122
(12) 認知症専門ケア加算	124
(13) 介護職員等処遇改善加算	128
●参考　認知症高齢者の日常生活自立度判定基準	137
●解説　令和6・7年度のベースアップについて	138
●解説　介護職員等処遇改善加算（Ⅴ）	139
●解説　キャリアパス要件	141
●解説　職場環境等要件	144

4　算定の手続き ……………………………………………………146

(1) 「介護給付費算定に係る体制等状況」届の提出	146
(2) 請求、給付管理、過誤申立	148
(3) 値引きと不当値引きの考え方	150
指導事例4　減算逃れのための虚偽報告等で指定取消し	152

第3章
介護保険外の料金、サービスとの関係

(1) 保険外サービスを提供する場合	154
(2) 高齢者住宅併設の場合	158
(3) 医療行為	160
(4) 訪問介護では算定できない事例	164
(5) 共生型サービス	168

//

第 1 章

人員・設備・運営基準

―指定取消しにならないために―

1 人員基準

　訪問介護事業所には、事業所ごとに訪問介護員、サービス提供責任者、管理者を配置することが法令で定められています。

　配置する人数については、訪問介護員は 2.5 人以上、管理者は 1 人以上と最低限必要な人数が決まっていますが、サービス提供責任者については利用者数に応じて配置すべき人数が変わりますので、毎月、利用者数から必要な人数を確認して配置する必要があります。

　その他にも、常勤や専従といった要件や必要な資格、兼務の範囲などのさまざまな基準があり、事業所の規模や併設等の状況によって基準が異なるものもありますので、必ず確認しましょう。

人員基準を満たすのはこんな配置！

訪問介護員
2.5 人

最低でも常勤換算で 2.5 人は必要

サービス提供責任者
利用者 40 人に対して 1 人

原則、常勤専従だけど、利用者人数により一部、常勤換算も可
利用者 50 人に対して 1 人の特例もあるよ！

管理者
1 人

原則、常勤専従だけど兼務できる仕事もあるよ！

〈チェック事項〉

1 訪問介護員

- ☐ 事業所ごとに、常勤換算方法で2.5人以上配置しているか
  - ☐ 勤務状況を確認できる書類を保管しているか
  - ☐ 登録訪問介護員※の勤務表上の勤務時間と実態が一致しているか
    ※勤務日・勤務時間が不定期な訪問介護員等（いわゆる登録ヘルパー）
- ☐ 保有する資格は適切か
- ☐ 雇用契約書等が取り交わされており、管理者の指揮命令下にあるか

1 訪問介護員

● 事業所ごとに常勤換算方法で2.5人以上の配置が必要です。これは利用者が少なく介護サービス業務がない場合でも配置が必要です。

➡ 常勤換算方法での計算方法については、「解説　常勤換算方法」10頁を参照

> **ポイント** サービスを提供しなくても訪問介護員は最低2.5人必要！
>
> 訪問介護員の配置は、**最低でも常勤換算で2.5人が必要**です。利用者が少なく介護サービス業務がない場合でも、この人数の配置が必要になります。
> 職員を配置するということは、給与が発生するということです。開業当初や利用者の少ない事業所は、この最低限の配置に要する人件費の負担も大きいために、新規利用者の獲得が急務となります。

● 職員の勤務状況がわかる書類は訪問介護員の配置人数算出の根拠となりますので、保管して常に確認できるようにしておきます。具体的には、次のような書類があります。

　　労働者名簿、雇用契約書等、資格証、職員履歴書、出勤簿、タイムカード、勤務表、賃金台帳、給与支払報告書控、サービス提供記録　など

● 訪問介護員は、次のいずれかの資格保有者であることが必要です。
　a　介護福祉士

- b 介護職員初任者研修課程修了者
- c 実務者研修修了者
- d 介護職員基礎研修課程修了者
- e 訪問介護員（ホームヘルパー）1級課程修了者・2級課程修了者
- f 生活援助従事者研修修了者（生活援助のみ提供する担当の場合）
- g 看護師・准看護師※

　※各都道府県の判断で訪問介護員（ホームヘルパー）1級課程の研修の全科目を免除の取扱いとなります。都道府県により取扱いが異なる場合がありますので、確認が必要です。

● サービスを担当する訪問介護員は、訪問介護事業者と雇用契約を交わし、管理者の指揮命令下にあることが必要です。これは登録訪問介護員も同様です。雇用契約がない者にサービスを担当させることは人員基準違反です。

ポイント 生活援助従事者研修

　訪問介護事業所における生活援助中心型サービスの担い手を拡大するため、平成30年度の介護報酬改定にて新たに生活援助従事者研修課程が創設されました。生活援助従事者研修とは、生活援助中心型のサービスに従事する者に必要な知識等を習得することを目的とした59時間の研修です。研修後には、筆記試験による修了評価（0.5時間程度）が実施されます。

　生活援助従事者研修を修了した生活援助従事者（生活援助ヘルパー）は、**生活援助中心型のサービスのみに従事**することができます。

生活援助従事者研修項目

項目	時間
職務の理解	2時間
介護における尊厳の保持・自立支援	6時間
介護の基本	4時間
介護・福祉サービスの理解と医療との連携	3時間
介護におけるコミュニケーション技術	6時間
老化と認知症の理解	9時間
障害の理解	3時間
こころとからだのしくみと生活支援技術	24時間
振り返り	2時間

出典：「介護員養成研修の取扱細則について（介護職員初任者研修・生活援助従事者研修関係）」（平成24年3月28日老振発第0328第9号、平成30年3月30日老振発第0330第1号最終改正）

〈チェック事項〉

2 サービス提供責任者

- ☐ 利用者40人に対して1人以上をサービス提供責任者として配置しているか
  - ☐ 利用者数の取扱いは適切か
  - ☐ 毎月、実利用者数、利用者数の前3ケ月の平均値、サービス提供責任者の必要配置人数を記録し、その書面を保存しているか
- ☐ 常勤の訪問介護員から選任しているか
- ☐ 利用者が40人を超える事業所で、常勤換算方法を採用する場合は、常勤及び常勤換算のサービス提供責任者がそれぞれ適切な人数か
- ☐ 原則として専従であり、兼務の範囲は適切か
- ☐ 保有する資格は適切か

2 サービス提供責任者

- サービス提供責任者は、利用者40人に対して1人以上の配置が必要です。
- 利用者数は、前3ケ月の平均値を用います（新規指定の事業所は推定数）。
  ➡ 前3ケ月の平均値については「解説　利用者数の計算方法」15頁を参照
- 「実利用者数」「利用者数の前3ケ月の平均値」はサービス提供責任者の配置人数の算定根拠となるため、必要配置人数とともに、毎月記録して文書で残しておきます。
- サービス提供責任者は原則として常勤ですが、利用者が40人を超える事業所の場合、サービス提供責任者のうち一定の人数を常勤換算方法とすることができます。
  ➡ 「解説　利用者が40人を超える事業所のサービス提供責任者」16頁を参照

> **ポイント**　一定の要件で50人に対して1人以上の配置も可能！
>
> 　サービス提供責任者について常勤で3人以上、かつ専従で1人以上配置しており、業務に支障がない場合には、サービス提供責任者の配置人数を利用者50人に対して1人以上とすることが可能です。
>   ➡ 具体的な要件は「解説　サービス提供責任者の配置の特例」18頁を参照

第1章 人員・設備・運営基準

● サービス提供責任者は原則として専従ですが、利用者へのサービス提供に支障がない場合に限り、次の職務については兼務が認められています※。
  a 同一事業所の管理者の職務
  b 同一敷地内にある指定定期巡回・随時対応型訪問介護看護事業所の職務
  c 同一敷地内にある指定夜間対応型訪問介護事業所の職務
➡ 専従については「解説 常勤と非常勤、専従と兼務」12頁を参照

※サービス提供責任者は元々訪問介護員であるため、支障のない範囲で訪問介護員の業務の兼務は可能です。

> **ポイント 常勤専従の考え方**
>
> サービス提供責任者は常勤の訪問介護員の中から1人を専任しなければなりません。1人が担当できる利用者数である40人を超える場合は、利用者数に応じた人数の配置が必要です。利用者数によって2人以降は常勤換算での配置も可能ですが、**最低でも1人のサービス提供責任者は常勤専従になります。**
>
> 常勤専従の場合、併設の高齢者住宅の夜勤などを担当することはできません。担当した場合は兼務と認定されて、人員基準違反に問われます。ただし、訪問介護の提供中やその前後に病院の付き添いなどの保険外となるサービスを提供することは認められる場合もあります。

常勤専従＝勤務時間において
他の職種を兼ねることができない

↓

サービス提供責任者＝常勤専従

病院付き添いなどの
保険外サービス

↓

業務に支障がない範囲で、
事前に説明し
同意を得た場合は可能

有料老人ホームの
夜勤業務、配膳の手伝いなど

↓

不可！
兼務と判断される！
人員基準違反！

1 人員基準

- ●サービス提供責任者は、次の資格が必要です。
    - a 介護福祉士
    - b 実務者研修修了者
    - c 訪問介護員（ホームヘルパー）1級課程修了者
    - d 介護職員基礎研修課程修了者
    - e 看護師、准看護師※

        ※各都道府県の判断により c に相当する取扱いとされます。都道府県により取扱いが異なることがありますので、確認が必要です。

〈チェック事項〉

3 管理者
☐ 常勤専従の管理者を配置しているか
☐ 管理上支障がない場合の兼務の範囲は適切か

3 管理者

- 管理者は原則として専従ですが、事業所の管理に支障がない場合は、次の職務については兼務が可能です。
  a 事業所の訪問介護員等の職務
  b 他の事業所、施設の管理者又は従業者の職務
- 事業所の管理業務と同時並行で実施できないような業務については兼務できないため、専従とされている業務は担当できません。

> **注意！** 管理者の兼務はあくまで"特例"
>
> 　管理者は常勤専従の規定があるため、原則として他の職種と兼務はできませんが、**管理者の業務に支障がない場合は、他の職種との兼務が認められています**。実際に、管理者とサービス提供責任者、訪問介護員の兼務を行う事業所は多数存在します。
>
> 　しかし、主たる業務である管理者の業務を遂行できないような兼務は問題です。例えば、兼務しているサービス提供責任者の業務で一日中外に出ている場合は、管理者不在との指導を受けることとなり、以降の兼務は認められません。また、運営指導で指摘を多数受けた場合も、管理者の業務に支障が出ていると判断され、兼務はできなくなります。
>
> 　基本的には、管理者の業務と兼務の業務が半々程度までは認められるようですが、兼務はあくまで「特例」であることを認識する必要があります。

1 人員基準

指導事例 1

たった2万円強の不正請求でも指定取消しに
平成26年　指定取消し

行政処分の理由

平成24年11月から12月の間、計5回にわたり、実態がないにもかかわらず、3人の利用者に対して訪問介護を実施したとする虚偽の訪問介護日誌を作成し、介護報酬計2万6,880円を不正に請求し受給した。

不正のポイント

▶外部からの情報提供で不正が発覚し、次々と不正事実が明らかとなった

この事例では、外部からの情報提供により不正が発覚しました。このように、苦情・告発から、運営指導に発展するケースは多くあります。運営指導は、通常1ケ月前にその実施が告知されますが、苦情・告発が関係する場合は直前の告知となることがあります。そうなると、不正がない事業所でも、事前準備不足のままで運営指導に対応するという事態に陥ってしまうのです。日頃から不正のない運営を行うことは当然として、さらに、運営指導を前提とし、書類の作成などの仕事を溜めない工夫が必要です。

▶監査の際の虚偽記録の提出や答弁が悪質と判断された

通常は、5回分のサービス提供に対する請求金額の総額が2万円強であれば、単純な請求ミスと判断されると考えられます。実際に請求ミスであった場合には、過誤申請を行って再請求をすれば問題はありません。

しかし、この事例では外部からの情報提供により不正が発覚し、未提供サービスについて虚偽のサービス提供記録などを作成し、不正を指摘されても嘘を突き通そうとしたことが問題視されました。**行政は金額の大小にかかわらず、不誠実な事柄に対して厳しい処分を下します。**行政処分となった多くの案件は、虚偽・偽装が悪質と判断されたことによります。

解説　常勤換算方法

○常勤換算の計算方法

　常勤換算方法とは、非常勤職員の勤務時間の合計が常勤職員の何人分に当たるかを算出する計算方式です。

　常勤換算の計算方法は、毎月1日から月末までの勤務実績表を用いて、職員の1ケ月分の延べ勤務時間（勤務延時間）を集計して、常勤職員が勤務すべき時間数（週32時間を下回る場合は32時間※）で割って算出します（小数点第2位以下は切り捨て）。

※以下の制度の対象者は週30時間以上
・育児・介護休業法の短時間勤務制度
・男女雇用機会均等法の母性健康管理措置
・「事業場における治療と仕事の両立支援のためのガイドライン」に沿って事業者が自主的に設ける短時間勤務制度

＜常勤換算式＞

①職員の勤務延時間数 （各職員の1ケ月の勤務時間数の合計） ＿＿＿時間	÷	②常勤職員の勤務時間数 （事業所が定める常勤職員の1ケ月に勤務すべき時間数） ＿＿＿時間	＝	常勤換算 ＿＿＿人

（例）　①職員の1ケ月の勤務時間数の合計が650時間
　　　②事業所が定める常勤職員の1ケ月に勤務すべき時間数が週40時間
　　　　の場合の常勤換算式
　　　（4週　計650時間）÷（週40時間×4週＝160時間）＝（4.06→4人）

○常勤換算に含めない勤務時間

　職員が複数の職種を兼務している場合は、集計する職種の勤務時間だけを計算して、兼務業務の勤務時間は含めないようにします。この勤務時間に残業時間は含めません。非常勤の職員の休暇や出張の時間、自費サービスなど介護保険外のサービスに従事している時間も常勤換算の勤務時間に含めることができません。

> **注意！** 常勤換算に保険外サービスを行った時間は含めない
>
> 　常勤換算の計算には、病院の付き添いやハウスキーパー事業などの**保険外サービスを行った時間を含めることはできません。**
> 　なお、訪問介護員が訪問介護以外に介護保険外のサービスも提供している場合は、勤務シフト表や勤務実績表を訪問介護のものとは別に作成します。

○登録訪問介護員等の勤務延時間数の計算

　登録訪問介護員など、勤務日や勤務時間が不定期な訪問介護員についての勤務延時間数の計算は、次の通りの取扱いになります。

① 登録訪問介護員等によるサービス提供の実績がある事業所

　登録訪問介護員等1人当たりの勤務時間数は、事業所の**登録訪問介護員等の前年度の週当たりの平均稼働時間**※とします。

※サービス提供時間及び移動時間

② 登録訪問介護員等によるサービス提供の実績がない事業所

　登録訪問介護員等が確実に稼働できるものとして勤務表に明記されている時間のみを勤務延時間数に算入します。この場合、勤務表上の勤務時間数はサービス提供の実績に即したものでなければならないため、勤務表上の勤務時間と実態がかけ離れていると指導の対象となります。

　実績のない事業所のほか、きわめて短期の実績しかない事業所なども同様の扱いになります。

○出張所等の取扱い

　出張所等がある場合は、出張所等の勤務延時間数も常勤換算の訪問介護員等の勤務延時間数に含めて計算します。

解説 常勤と非常勤、専従と兼務

○常勤とは

　常勤とは、雇用契約書に記載されている勤務時間が、就業規則で定められている勤務時間数（32時間を下回る場合は32時間）に達している職員をいいます。この場合、雇用契約の形態は**正社員、パート、アルバイト、嘱託社員、契約社員、派遣社員**などを問わずに**常勤扱い**となります。

　逆に、社内での扱いが正社員であっても、勤務時間が就業規則に定められた勤務時間に達していない場合は非常勤職員の扱いになります。家庭の事情などで雇用契約書に記載される勤務時間が就業規則の規定よりも短い場合も含まれます。

　また、管理者が他の職務を兼務する場合は、兼務する複数の職種の勤務時間の合計が就業規則に定められた勤務時間に達していれば、常勤として扱われます。

○常勤と非常勤の違い（常勤換算時の休暇等の取扱い）

　常勤職員と非常勤職員の大きな違いは、**休暇や出張時の取扱い**にあります。常勤職員は休暇や出張の期間が1ヶ月を超えない限り、常勤として勤務したことになります。一方で非常勤職員の場合、休暇や出張はサービス提供に従事した時間とはいえないので、常勤換算する場合の勤務延時間数に含めることができません。

　要は、常勤職員は月の中で1日でも出勤していれば人員基準では1人と計算され、非常勤職員は休暇等の時間は常勤換算での延べ勤務時間には含めずに計算されるということです。

ただし、この取扱いは人員基準の職員数の確認に限られます。日々の配置は、規定の職員数を確保していなければなりません。常勤職員が出張等で不在の場合に、代わりの職員を配置しなくてもよいということではないので注意が必要です。

常勤・非常勤、専従・兼務の考え方

用語の定義と 4つの勤務形態の例		専従（専ら従事する・ 専ら提供に当たる）	兼務
		当該事業所に勤務する時間帯において、その職種以外の職務に従事しないこと	当該事業所に勤務する時間帯において、その職種以外の職務に同時並行的に従事すること
常勤	当該事業所における勤務時間が、「当該事業所において定められている常勤の従業者が勤務すべき時間数」に達していること	①常勤かつ専従 1日当たり8時間（週40時間）勤務している者が、その時間帯において、その職種以外の業務に従事しない場合	②常勤かつ兼務 1日当たり8時間（週40時間）勤務している者が、その時間帯において、その職種に従事するほかに、他の業務にも従事する場合
非常勤	当該事業所における勤務時間が、「当該事業所において定められている常勤の従業者が勤務すべき時間数」に達していないこと	③非常勤かつ専従 1日当たり4時間（週20時間）勤務している者が、その時間帯において、その職種以外の業務に従事しない場合	④非常勤かつ兼務 1日当たり4時間（週20時間）勤務している者が、その時間帯において、その職種に従事するほかに、他の業務にも従事する場合

①～④：事業所における通常の勤務時間が1日当たり8時間（週40時間）と定められている事業所においての勤務形態の例

> **ポイント** 常勤者の勤務時間の特例（育児・介護等の短時間勤務の場合）
>
> 　以下の制度により、常勤の従業者が勤務すべき時間数を30時間としている短縮措置の対象者は、30時間勤務することで「常勤」として取り扱うことができます。
> ・育児・介護休業法の短時間勤務制度
> ・男女雇用機会均等法の母性健康管理措置
> ・「事業場における治療と仕事の両立支援のためのガイドライン」に沿って事業者が自主的に設ける短時間勤務制度
> 　また、「常勤」での配置が求められる職員が、産前産後休業や育児・介護休業、母性健康管理措置の休業で休んだ場合は、同等の資質を持つ複数の非常勤職員を常勤換算することで人員基準を満たすことが認められます。

第1章 人員・設備・運営基準

判断フロー図

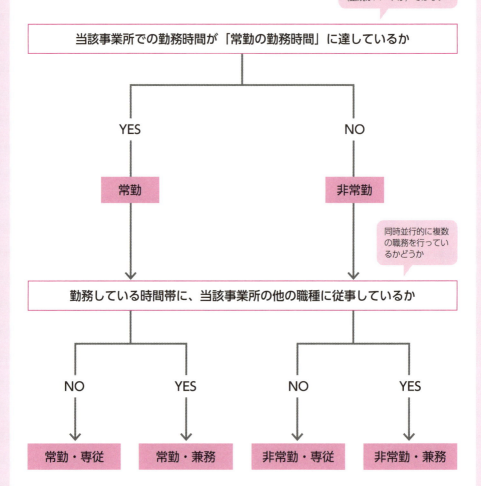

解説　利用者数の計算方法

○利用者数の計算方法

- サービス提供責任者の配置人数の根拠となる「利用者数」は、**前3ケ月の利用者数の平均値**を用います（新規指定の事業所は推定数）。
- 前3ケ月の平均値は、月ごとの実利用者を合算し、3で割った値になります。具体的には、次の式の値になります。

> 前3ケ月の歴月ごとの実利用者数の合計÷3＝前3ケ月の平均値

サービス提供責任者の配置人数の計算方法

前3ケ月の平均値

	1月	2月	3月
身体介護など	43人	44人	45人
通院等乗降介助のみ※	3人	4人	3人
小計	43.3人	44.4人	45.3人
合計			133人

※通院等乗降介助のみは1人を0.1人で集計

3ケ月の合計133人÷3＝44.333…人

前3ケ月の平均値＝44.333…人

サービス提供責任者の配置人数

3ケ月の平均値44.333…人÷40＝1.1083…人
小数点1位に繰り上げ＝**1.1人**

配置は最低0.5人のため、
配置必要数は**1.5人**

○算定上の留意点

- 通院等乗降介助のみを行った利用者は、**0.1人として数えます**。
- 利用者には、訪問介護と一体的に事業を運営している場合の従前の介護予防訪問介護に相当するサービスの利用者も含みます。

○記録の整備

- 「実利用者数」、「利用者数の前3ケ月の平均値」はサービス提供責任者の配置人数の算定の根拠となるため、必要配置人数とともに、毎月記録して文書で残しておきます。

第1章 人員・設備・運営基準

解説 利用者が40人を超える事業所のサービス提供責任者

　サービス提供責任者については、利用者40人に対して1人以上の人数を常勤で配置する必要があります。しかし、利用者が40人を超える（41人以上）場合は、そのうちの一定の人数について**常勤換算方法**によることができます。具体的には、次の通り定められています。

○**常勤換算方法を採用する場合の常勤のサービス提供責任者の配置基準**
① 利用者数が41～200人の事業所
　　常勤換算方法を採用しない場合に必要となるサービス提供責任者の数から**1人減らした数**以上の常勤のサービス提供責任者の配置が必要です。
【例】利用者数が90人の場合

　　常勤換算方法を採用しない場合に必要となる数　**3人**　－　1　＝　**2人**

　　　この場合は、配置すべきサービス提供責任者3人の内訳を<u>常勤2人</u>＋常勤換算1人とすることができます。

② 利用者数が201人以上の事業所
　　常勤換算方法を採用しない場合に必要となるサービス提供責任者の数に**2を掛けて3で割った数**以上の常勤のサービス提供責任者の配置が必要です。
【例】利用者数が230人の場合

　　常勤換算方法を採用しない場合に必要となる数　**6人**　×　2　÷　3　＝　**4人**

　　　この場合は、配置すべきサービス提供責任者6人の内訳を<u>常勤4人</u>＋常勤換算2人とすることができます。

○利用者数に応じた常勤のサービス提供責任者の必要数

前述の基準により計算した常勤のサービス提供責任者の必要人数をまとめたものが次の表になります。

利用者数に応じた常勤のサービス提供責任者数

利用者の数	必要となる**常勤**のサービス提供責任者数	
	常勤換算方法を採用しない事業所の場合（配置すべきサービス提供責任者数）	常勤換算方法を採用する事業所の場合
40人以下	1	1
40人超80人以下	2	1
80人超120人以下	3	2
120人超160人以下	4	3
160人超200人以下	5	4
200人超240人以下	6	4
240人超280人以下	7	5
280人超320人以下	8	6
320人超360人以下	9	6
360人超400人以下	10	7

○常勤換算とする場合の留意点

・非常勤職員をサービス提供責任者として配置する場合、非常勤職員の勤務時間が、事業所で定めている**常勤の訪問介護員が勤務すべき時間数の2分の1以上**でなければなりません。非常勤職員を複数配置する場合は、一人ひとりがこの時間数を下回らないようにします。

・サービス提供責任者について常勤で3人以上、かつ専従で1人以上配置しており、業務に支障がない場合には、サービス提供責任者の配置人数を利用者50人に対して1人以上とすることが可能です。

➡「解説　サービス提供責任者の配置の特例（利用者50人に対して1人以上の配置）」18頁を参照

解説 サービス提供責任者の配置の特例
（利用者 50 人に対して 1 人以上の配置）

　サービス提供責任者については、利用者 40 人に対して 1 人以上の人数を配置する必要がありますが、次の要件をすべて満たしている場合は、利用者 50 人に対して 1 人以上とすることができます。

〇**特例が適用される要件**
① **常勤**のサービス提供責任者を **3 人以上**配置している。
② **サービス提供責任者の業務に主として従事する者を 1 人以上**配置している。
　「サービス提供責任者の業務に主として従事する者」については、訪問介護員として行ったサービス提供時間が **1 ケ月当たり 30 時間以内**であることが必要です。
③ サービス提供責任者の業務が効率的に行われている。
　次のような取組みが行われているなど、サービス提供責任者の業務の省力化・効率化が図られていることが必要です。
　【業務の省力化・効率化の例】
- ➡ 訪問介護員の勤務調整に業務支援ソフトなどを活用し、迅速な勤務調整ができるようにしている
- ➡ 利用者情報について、タブレット端末や IT 機器等の活用により、職員間の円滑な情報共有ができるようにしている
- ➡ 利用者に複数のサービス提供責任者が共同して対応する体制（主担当・副担当等）を構築するなど、チームで対応できるようにしている

○利用者数に応じた常勤のサービス提供責任者数

前述の要件により計算した常勤のサービス提供責任者の必要人数をまとめたものが次の表になります。

利用者数に応じた常勤のサービス提供責任者数
（利用者50人に対して1人以上の配置とする場合）

利用者の数	必要となる**常勤**のサービス提供責任者数	
	常勤換算方法を採用しない事業所の場合 （配置すべきサービス提供責任者数）	常勤換算方法を採用する事業所の場合
50人以下	3	3
50人超 100人以下	3	3
100人超 150人以下	3	3
150人超 200人以下	4	3
200人超 250人以下	5	4
250人超 300人以下	6	4
300人超 350人以下	7	5
350人超 400人以下	8	6
400人超 450人以下	9	6
450人超 500人以下	10	7
500人超 550人以下	11	8
550人超 600人以下	12	8
600人超 650人以下	13	9

2 設備基準

〈チェック事項〉

1 必要な設備

- ☐ 事業運営を行うために必要な広さの事業所又は区画があるか
- ☐ 事務室又は区画について、利用申込の受付、相談等の対応に適当なスペースを確保しているか
- ☐ 訪問介護に必要な設備や備品を確保しているか
- ☐ 手指を洗浄するための設備など、感染症予防に配慮しているか

区切りがあれば共有の事務室でOK！

訪問介護　　通所介護

1 必要な設備

- 事務室は訪問介護事業所専用であることが望ましいものの、間仕切りをするなど、他事業と明確に区分する場合には、共有の事務室でもよいとされています。
- 同一敷地内で、他の事業所や施設の運営に支障がない場合には、設備や備品を共有することが可能です。
- また、事務室や区画、設備、備品については、事業所所有のものではなく、貸与を受けているものでも問題ありません。

> **ポイント** 業務に支障がなければ、同じ敷地内の設備は共有できる！
>
> 同じ敷地内に他の事業所や施設がある場合、訪問介護事業所と他事業所等それぞれの**運営に支障がなければ**、**設備や備品を共有することが可能**です。
>
> 例えば通所介護と訪問介護が併設されている場合に、利用者へのサービス提供に支障がなければ、設備基準上両方のサービスに設置が義務づけられている事務室について共用が可能です。
>
> なお、設備基準上規定がない玄関や廊下、階段などの設備についても共用が可能とされています。

3 運営基準

(1) 運営規程、重要事項説明書、契約書

〈チェック事項〉

1 運営規程

運営規程に次の項目を定めているか
- ☐ 事業の目的・運営の方針
- ☐ 従業者の職種・員数・職務の内容
- ☐ 営業日・営業時間
- ☐ 訪問介護の内容・利用料その他の費用の額
- ☐ 通常の事業の実施地域（事業所が通常時に訪問介護を提供する地域）
- ☐ 緊急時等の対応方法　　☐ 虐待防止のための措置
- ☐ その他運営に関する重要事項

2 重要事項説明書

- ☐ 同意の日がサービス開始日より前になっているか
- ☐ 運営規程に記載された内容に沿っているか
- ☐ 運営規程に記載された「従業者の員数」と合致しているか
- ☐ 苦情の担当窓口は、「事業所の苦情担当者」「市町村の苦情担当窓口」「国保連[※]の苦情担当窓口」の３ケ所が記載されているか
- ☐ 重要事項説明書は、事業所内の見やすい場所に掲示されている、もしくは、事業所に備えつけ、関係者が自由に閲覧できるようになっているか
- ☐ 重要事項をウェブサイトに掲載しているか

※国保連＝国民健康保険団体連合会

3 契約書

- ☐ 利用者と契約書はとりかわしているか
- ☐ 契約書は不適切な内容、利用者に不利な内容になっていないか

1 運営規程

- 運営規程は、介護事業所の「法律」です。運営指導では、ここに記載された内容が確実に実施されているかが確認されますが、指定申請時に一度、都道府県等の確認が終わっている書類であるため、重大に考える必要はありません。
- 運営指導の事前チェックでは、次の事項が**運営規程の記載と整合性がとれているか確認**しておきます。
  - ➡ 営業時間やサービス提供時間の変更
  - ➡ 健康診断の実施回数
- 「従業者の員数」に変更がある場合は、通常は毎年3月に、その時点の実職員数を記載した変更届を提出します。ただし、日々の人数が大きく変動した場合はその時点で変更届を提出します。

2 重要事項説明書

- サービス開始までに、利用者や家族に重要事項説明書の内容を説明して同意を得なければなりません。また、控えを利用者に渡します。
- 運営指導では、**サービスの開始日と同意の日が前後していないか**などが確認されます。

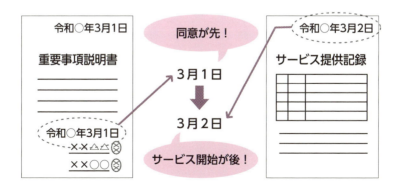

- 重要事項を掲載するウェブサイトとは、法人のホームページや介護サービス情報公表システムのことをいいます。

> **注意！** 介護報酬改定時にも重要事項説明書の同意が必須！
>
> 　記載内容に重要な変更があったり、介護報酬改定により利用料金が変わる場合は、その都度、重要事項説明書を再作成して、改定等が実施されるまでに利用者に説明し同意を得て、控えを渡す必要があります。
>
> 　介護報酬は3年に一度4月に改定されますが、その場合は、1ケ月前（3月中）に利用料金の変更部分がわかる資料と同意書を作成して、利用者や家族の同意を得る方法が一般的です。

3 契約書

- 契約書は、介護保険関係法令上で作成が義務づけられている書類ではありません。しかし、後日のトラブルや裁判等での利用者保護の意味で、運営指導では、**必ず契約書のとりかわしの状況と内容が確認されます。**
- 契約書の記載事項には特に決まりはありませんが、不適切なものであったり、利用者に著しく不利な契約内容の場合は、是正するよう指導されます。例えば、異常に高額なキャンセル料や途中解約での違反金の設定をしていたり、併設の一般事業の利用や高齢者住宅の入居を提供の条件にするなどがこれに該当します。
- 介護事業者と利用者との契約書は、原則として民法上の請負契約に該当しませんので、収入印紙の貼りつけの必要はありません。

3 運営基準 (1) 運営規程、重要事項説明書、契約書

職員の虚偽申請等により介護報酬全額が返還対象に
平成27年　指定取消し

行政処分の理由

新規事業所の指定申請時から訪問介護員としての業務のみに従事する予定だった職員を、サービス提供責任者として虚偽の申請をしていた。さらに、開設当初から無資格者である管理者が訪問介護計画を作成しており、実質的には開業時からサービス提供責任者が不在の状態であった。

訪問介護計画書の作成権限のない、無資格の管理者が計画作成の業務を行い、実際には訪問介護計画書の作成に携わっていない、届出上のサービス提供責任者の名前を訪問介護計画書に記載していた。これにより、開業時点までさかのぼり、これまで請求された介護報酬の全額が返還対象となった。

不正のポイント

▶開業当初からサービス提供責任者は名ばかりであった

指定申請時には、都道府県等に職員名簿や雇用契約書等を提出することとなります。この時に、**名簿に記載された職員が名前だけの名義借りであったり、実際の配置とは異なる職種で提出されていたりした場合、虚偽申請として開業時までさかのぼって介護報酬を返還することになります。**

▶権限のない管理者が、訪問介護計画書を作成していた

▶訪問介護計画書を実際には作成していないサービス提供責任者が、作成者として記載されていた

すべての介護サービスは、個別サービス計画に従って介護サービスを提供するという基本ルールがあります。言い換えると、個別サービス計画がなければ介護サービスは提供できず、介護報酬の請求もできません。

また、訪問介護の場合は、運営基準においてサービス提供責任者が訪問介護計画書を作成することと定められています。しかしこのケースでは、訪問介護計画書を作成する資格のない管理者が計画書を作成していました。さらに、実際には計画書を作成していないサービス提供責任者が、作成者として氏名が記載されていたことも、悪質な偽装と判断されました。当然、これは認められず、開業時にまでさかのぼって介護報酬を返還することとされたのです。

(2) 個人情報利用の同意書

〈チェック事項〉

1 個人情報利用の同意書の内容

- ☐ 利用者から個人情報利用の同意書を受領しているか
- ☐ 同意書の内容は、サービス担当者会議等での個人情報利用にとどめているか

2 同意の範囲

- ☐ 同意書には利用者の家族の同意欄があるか

1　個人情報利用の同意書の内容

- 指定を受けている介護サービス事業所と職員には守秘義務がありますが、ケアマネジャーが招集するサービス担当者会議では関係者間で個人情報を共有する必要があります。個人情報利用の同意書とは、「サービス担当者会議と他サービス事業者間に限って、利用者の個人情報を共有してよい」という利用者の同意を得るためのものです。

> **注意！** ▶同意書にはサービス利用に関することだけ！
>
> 　個人情報利用の同意書の中にはサービス担当者会議等での個人情報利用の同意だけでなく、ホームページや事業所通信での写真の利用等の同意項目が併記されているものがありますが、これは誤りです。他の項目の同意を得る場合は、別途同意書を作成するべきです。

2　同意の範囲

- サービス担当者会議では利用者本人の同意だけではなく、**同居家族の個人情報も共有する必要がある**ため、家族の代表者の同意も必要と指導される地域が増えています。事前に**同意書のひな形に利用者家族の同意欄を設けておきましょう**。ただし、独居等で家族の情報が不要な場合は、利用者家族の同意欄への記載の必要はありません。

> **注意！** ▶「代理人の同意」と「家族の同意」は別物！
>
> 　代理人の同意欄を家族が記載するので利用者家族の同意欄は不要ではないかと質問されることがありますが、代理人はあくまでも利用者本人の代理ですので、家族の同意にはなりません。
> 　代理人が同意する場合は、代理人がまず利用者本人の同意欄を代筆して、代理人の同意欄に代理人自身の記載をするのが正しい記載方法です。

第1章 人員・設備・運営基準

> **ポイント** 自署捺印と記名押印の違い
>
> 　同意書は契約ではないため、自署捺印は必要ありません。署名か記名押印で十分です。
> 　署名とは、空欄にサインをもらうことです。記名押印は最初から名前などを印字しておき、印鑑をもらうことをいいます。

【書式例】

個人情報利用同意書

　私及びその家族の個人情報については、次に記載するとおり必要最小限の範囲内で利用することに同意します。

記

1　利用する目的
　　事業者が、介護保険制度に関する法令に基づき私に行う訪問介護サービスを円滑に実施するため、担当者会議において、又は私が利用する他のサービス事業者等と情報の共有が必要な場合に利用する。

2　利用にあたっての条件
　①個人情報の提供は、1に記載する目的の範囲内で、必要最小限に留め、情報提供の際には関係者以外には決して漏れることのないよう細心の注意を払うこと。
　②事業者は、個人情報を利用した会議、相手方、内容等を記録しておくこと。

3　個人情報の内容（例示）
　・氏名、住所、健康状態、病歴、家庭状況等、事業者がサービスを提供するために最小限必要な利用者や家族個人に関する情報
　・その他の情報

令和〇〇年〇〇月〇〇日
〇〇　〇〇　事業所　〇〇　〇〇　様

　　　　　　　（利用者）　　　住所　〇〇〇〇〇
　　　　　　　　　　　　　　　氏名　〇〇　〇〇
　　　　　　　　　　　※代筆の場合、代筆者の住所・氏名を併記すること。

　　　　　　　（代理人）　　　住所　〇〇〇〇〇
　　　　　　　　　　　　　　　氏名　〇〇　〇〇

　　　　　　　（利用者家族代表）住所　〇〇〇〇〇
　　　　　　　　　　　　　　　氏名　〇〇　〇〇　（続柄：　　）

> 家族の同意欄が必要

(3) その他の運営基準

　令和6年度の運営基準改正から、全介護サービス事業者を対象に、感染症や業務継続、高齢者虐待への対策が義務化されています。

〈チェック事項〉

1 感染症への対応

- ☐ 感染症への対策を検討する委員会を定期的に開催しているか
- ☐ 感染症の予防及びまん延の防止のための指針を整備しているか
- ☐ 感染症対策のための研修及び訓練を定期的に実施しているか

2 業務継続に向けた取組み

- ☐ 業務継続計画（BCP）を策定し、定期的な見直し等を行っているか
- ☐ 業務継続計画について周知し、研修及び訓練を定期的に実施しているか

3 高齢者の虐待防止

- ☐ 虐待防止のための対策を検討する委員会を定期的に開催しているか
- ☐ 事業所における虐待防止のための指針を整備しているか
- ☐ 虐待防止のための研修を定期的に実施しているか
- ☐ 上記を適切に実施するための担当者を置いているか

1 感染症への対応

- 感染症への対策を検討する委員会の開催、指針の整備、研修の実施、訓練（シミュレーション）の実施が義務づけられました。小規模な事業所などは、他の事業者と連携して行うことも可能とされています。
  → 「解説　感染症の予防及びまん延の防止のための措置」46頁を参照

2 業務継続に向けた取組み

- 業務継続に向けた計画等の策定、研修の実施、訓練（シミュレーション）の実施等が必要です。
- 研修と訓練は、定期的（年1回以上）に実施して記録しなければなりません。なお、感染症に対する業務継続計画研修は、**1**の感染症対策の研修と一体的に実施することも可能です。訓練では感染症や災害が発生した場合に実践するケアの演習等を実施します。

> **ポイント　業務継続計画（BCP）の研修と訓練**
>
> 業務継続計画の研修と訓練のポイントは以下の通りです。
> - 業務継続計画研修の実施
>   研修方法：内部研修として実施。研修の実施状況を記録に残すことが重要。新規採用時に新規採用職員向けに別途研修することが望ましい。
>   研修内容：BCPの具体的内容を職員間で共有して、平常時の対応の必要性や緊急時の対応に係る理解を浸透させる内容とする。
>   実施回数：年1回以上実施
> - 業務継続計画訓練の実施
>   訓練内容：BCPに基づき、事業所内の役割分担の確認、非常時のケアの演習等について訓練を実施する。机上訓練（シミュレーション）と実地訓練を組み合わせながら実施することが望ましい。
>   実施回数：年1回以上実施

3 高齢者の虐待防止

- 虐待の発生・再発を防止するための委員会の開催、指針の整備、研修の実施、担当者を定めることが義務づけられています。研修には、全従業者が参加できるようにすることが望ましいとされています。
  → 「解説　高齢者の虐待の発生等を防止する措置」44頁を参照

4 ハラスメント対策

- [ ] セクシュアルハラスメントやパワーハラスメントについて指針を作成し、職員に周知しているか
- [ ] ハラスメントについて相談体制を整備しているか

5 認知症に係る取組みの情報公表の推進

- [ ] 認知症関連の研修の受講状況等、認知症に係る事業者の取組み状況について、介護サービス情報公表制度において公表しているか

6 訪問介護計画や重要事項説明書等の利用者等への説明・同意

- [ ] 説明・同意を得たことを確認した署名、押印、記録等があるか

7 身体的拘束等の適正化への対応

- [ ] 身体的拘束等を行ってはならないことを確認しているか
- [ ] やむを得ない場合については理由を記録しているか

4 ハラスメント対策

- 上司や同僚など事務所内だけではなく、利用者とその家族からのハラスメントを含めた対応が必要です。就業規則などに盛り込むとともに、相談窓口の設置や研修などにも取り組まなければなりません。

5 認知症に係る取組みの情報公表の推進

- 認知症関連の研修の受講状況等、認知症に係る事業者の取組み状況について、介護サービス情報公表制度において公表することが義務化されています。

6 訪問介護計画や重要事項説明書等の利用者等への説明・同意

- 訪問介護計画や重要事項説明書などは、文書を交付し、署名・押印等による同意のほか、電子メールなど電磁的な対応が原則認められています。
- 利用者等の署名・押印についても、求めないことが可能であり、その代替手段として電子署名等が示されています。また、様式例から押印欄が削除され、基本的にサインだけで十分とされています。

> **注意！** 電磁的な方法による利用者等への説明・同意は必ず記録！
>
> 電子メール等により交付した場合、署名・押印を求めないケースが増えると思われますが、説明や同意を省略してもよいというわけではありません。この一連の経過の記録は必ず残してください。

7 身体的拘束等の適正化への対応

- 訪問介護においても、利用者又は他の利用者等の生命又は身体を保護するため緊急やむを得ない場合を除き身体的拘束等を行ってはなりません。やむを得ず身体的拘束等を行う場合には、その態様及び時間、その際の利用者の心身の状況ならびに緊急やむを得ない理由を記録しなければなりません。

〈チェック事項〉

8 サービス提供拒否の禁止

☐ 正当な理由なくサービスの提供を断っていないか

9 身分証の携行の指導

☐ 訪問介護員は業務中に身分証を携行しているか

10 サービスの提供記録

☐ 提供したサービスの内容等を、利用者のケアプラン又はサービス利用票等に記載しているか
☐ 利用者から申出があった場合には、文書の交付等により、利用者に情報提供しているか

11 苦情処理

☐ 苦情対応のための措置を講じているか
☐ 苦情を受け付けた場合に、苦情の内容等を記録しているか
☐ 市町村や国保連が行う調査に協力しているか
☐ 市町村や国保連から指導又は助言を受けた場合、必要な改善を行っているか
☐ 市町村や国保連から求めがあった場合、指導又は助言に基づいた改善の内容を市町村に報告しているか

8 サービス提供拒否の禁止

- 要介護度や所得の多寡を理由としてサービス提供を拒否することはできません。
- 次のような、「正当な理由」がない限り、利用を断ることはできません。
  - a 現在の職員数では新たな利用者に対応ができない場合
  - b 利用申込者の住まいが運営規程上の事業の実施地域外である場合
  - c その他利用申込者に事業者が適切なサービスを提供できない場合

9 身分証の携行の指導

- 訪問介護員は業務中、常に身分証等を携行して、初回訪問時や、求められた時には提示しなければなりません。

10 サービスの提供記録

- 訪問介護を提供した場合には、下記内容について記録しなければなりません。
  - a 提供日
  - b 提供した訪問介護の内容
  - c 利用者の心身の状況
  - d 保険給付の額
  - e その他必要な事項
- 利用者から申出があった場合は、文書の交付、利用者の手帳等に記録するなど適切な方法により情報提供を行わなければなりません。

11 苦情処理

- 訪問介護事業所は、利用者やその家族からの苦情に迅速かつ適切に対応するために、苦情を受け付けるための**窓口を設置する**、**苦情処理の体制や手順等を定める**等、措置を講じる必要があります。
- 措置の内容については、利用者やその家族にサービス内容を説明する文書に併せて記載する、事業所に掲示する等の方法により周知が必要です。
- 苦情を受け付けた場合には、その受付日、苦情の内容等の記録が義務づけられています。

〈チェック事項〉

12 事故発生時の対応

- □ 事故が発生した場合に、市町村・家族・ケアマネジャーに連絡できる体制が整っているか
- □ 事故が発生した際には記録を残しているか
- □ 賠償すべき事故が発生した場合に、速やかに損害賠償を行うことができる体制が整っているか

注意！ ▶ 事故の程度によっては、市町村等への届出が必要！

　届出基準は市町村によって若干異なりますが、一般的には骨折などの重傷、24時間以上の所在不明、暴行虐待の判明、感染症などの重大な事故があった場合には、**2週間以内の届出が義務**づけられています。届出の有無にかかわらず、どのような事故であっても、事業所としての対策の検討と再発防止のための具体策を講じることが必要です。

ポイント ▶ 苦情や事故は必ず記録する！

　介護サービスは高齢者を対象とした仕事であるために、運営指導では事故や苦情対策に対して厳格なチェックが行われます。**事故や苦情があった場合は必ず記録を取る必要があります。**

　また、事故は未然に防ぐことが一番です。日頃から、事故には至らないもののヒヤッとしたことやハッとしたことはヒヤリハットシートに記録しておき、それを定期的に職員研修での議題として情報を共有することで、事故の防止につなげることができます。

12 事故発生時の対応

- 事故発生時には、速やかな対応が求められます。訪問介護の提供によって事故が発生した場合の対応方法について、あらかじめ事業所で定めておくことが望ましいとされています。
- 事故が発生した場合には、事故の状況や事故に際して行った処置について記録しておく必要があります。
- 所轄の市町村等の方針によっては、事故報告書を提出する必要があります。市町村等の指針等を確認するようにしましょう。
- 事故が発生した場合には、その原因を解明し、再発防止策を講じる必要があります。

報告すべき事故の種類及び範囲

1	**サービス提供中の利用者の死亡事故又は負傷等のケガの発生** （注1）「サービス提供中」とは、送迎、通院等の間を含む。また、在宅の通所・入所サービス及び施設サービスにおいては、利用者が事業所・施設（以下「事業所等」という。）内にいる間は、「サービス提供中」に含まれる。 （注2）報告すべきケガの程度については、医療機関に入院又は医療機関において継続して治療することを必要とするものとする。ただし、利用者又はその家族等との間で何らかのトラブルが発生するおそれがある場合には、ケガの程度にかかわらず報告する。 （注3）利用者が病気等により死亡した場合であっても、死因等に疑義が生じる可能性がある場合（利用者の家族等との間で何らかのトラブルが発生するおそれがある場合を含む。）は報告する。 （注4）報告すべきものについては、事業者の過失の有無は問わない。
2	**食中毒及び感染症、結核等の発生** （注）保健所等関係機関にも報告を行い、関係機関の指示に従う。
3	**職員（従業員）の法令違反、不祥事等の発生** （注）報告すべきものについては、利用者へのサービスの提供に関連するものとする。 <例：利用者からの預り金の横領事件や利用者の送迎時の交通事故など>
4	**災害の発生** （注）震災、風水害及び火災等の災害により利用者へのサービスの提供に影響するものとする。
5	**その他事業者が報告を必要と判断するもの及び市町村が報告を求めるもの**

〈チェック事項〉

13 記録の整備

☐ サービス提供の記録、介護報酬の請求に関する記録、従業者、設備、備品及び会計に関する記録などを運営規程や条例などで定められている年数、保存しているか

13 記録の整備

- 次の記録はその完結の日（契約終了、契約解除及び施設への入所等で利用者へのサービス提供が終了した日）から原則2年間※保存しなければなりません。

  ※介護報酬の返還に関する時効が5年であることから、記録の保存期間についても5年間と義務づける自治体が多くなっています。所轄の都道府県等のルール（条例）を確認しましょう。

  a 訪問介護計画
  b 提供した具体的なサービスの内容等の記録
  c 身体的拘束の態様、時間、利用者の心身の状態、緊急やむを得ない理由の記録
  d 市町村への通知に係る記録
  e 苦情の内容等の記録
  f 事故の状況及び事故に際して採った処置についての記録

3 運営基準　(3) その他の運営基準

● 従業員が勤務していたことを確認するために、勤務実績表の作成が必要です。勤務予定表だけではなく、毎月1ケ月の業務が終了した時点で、月末までの勤務実績表を作成して、**タイムカードや出勤簿と突き合わせを行います**。

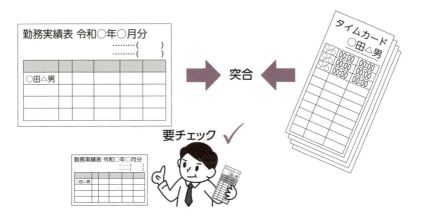

● 勤務実績表には、次の内容を明確に記載します。

　a　勤務時間
　b　常勤・非常勤の別
　c　職種
　d　兼務の有無

> **注意！**　管理者が役員でも勤務表が必ず必要
>
> 　法人役員が管理者である場合も、**勤務実績表への記載と勤務実態の記録としてタイムカードや出勤簿などが必要**です。一般の会社では法人役員は残業手当などもつかないためにタイムカードがない場合も多いようです。しかし、介護保険制度において管理者は常勤専従での配置が規定されており、タイムカード等の記録で勤務状況が確認できない場合は、「管理者不在」と判断されて人員基準違反の指導を受けることになります。

〈チェック事項〉

14 サービス提供責任者の責務

- [ ] サービス提供責任者は、次の業務を行っているか
  - ・訪問介護の利用の申込みに関する調整
  - ・利用者の状態の変化やサービスに関する意向の定期的な把握
  - ・ケアマネジャーへの情報提供（訪問介護の提供の際に把握した利用者の服薬状況、口腔機能等の心身の状態、生活の状況等の情報）
  - ・サービス担当者会議への出席等による、ケアマネジャーとの連携
  - ・訪問介護員等に対する、具体的な援助目標・援助内容の指示及び利用者の状況についての情報伝達
  - ・訪問介護員等の業務の実施状況の把握
  - ・訪問介護員等の能力や希望をふまえた業務管理の実施
  - ・訪問介護員等に対する研修、技術指導等の実施
  - ・その他サービス内容について必要な業務管理の実施
- [ ] 複数のサービス提供責任者を配置している場合、業務分担等を適切に行っているか

15 管理者の責務

- [ ] 従業員の管理及び業務の管理を一元的に行っているか
- [ ] 従業員に運営基準を遵守させるための指揮命令を行っているか

16 勤務体制・研修機会の確保

- [ ] 適切なサービスを提供できるよう、事業所ごとに従業者の勤務体制を定めているか
- [ ] 事業所の訪問介護員によって、サービスの提供が行われているか
- [ ] 訪問介護員の資質向上のため、研修の機会を確保しているか

3 運営基準　(3) その他の運営基準

14　サービス提供責任者の責務

- 訪問介護の提供に当たり把握した利用者の心身の状態（服薬状況や口腔機能等）及び私生活の状況に関する情報については、必要に応じてケアマネジャーに提供することとされています。**情報提供**は、**サービス担当者会議等を通じて行っても問題ありません。**
- 提供する情報の内容については、サービス提供責任者が判断することとされています。サービス担当者会議等にて、ケアマネジャーとあらかじめ調整しておくとよいでしょう。
- サービス提供責任者の業務については、必ずしも１人のサービス提供責任者が行う必要はありません。**複数名配置している場合には分担**し、適切に業務を行いましょう。

> **ポイント　生活援助従事者研修修了者がいる場合**
>
> 　生活援助中心型サービスのみに従事できる生活援助従事者研修修了者を含め、**訪問介護を行ったことがない職員**については、初回訪問時にサービス提供責任者が同行するなど、**OJTを通じて支援すること**とされています。
> 　また、サービス提供責任者は、生活援助従事者研修修了者が生活援助中心型のサービスしか提供できないことをふまえて、適切な管理をすることが求められます。生活援助中心型のサービスのみ利用する利用者へのサービス提供に従事させるなど、業務の配分等について工夫が必要です。

16　勤務体制・研修機会の確保

- **事業所ごと**に、原則として**月ごと**に勤務表を作成しなければなりません。
- 訪問介護サービスを提供する訪問介護員とは、雇用契約、労働者派遣契約その他の契約によって、事業所の管理者の指揮命令下にある者を指します。
- 訪問介護員の質の向上を図るため、外部研修・内部研修への参加を計画し、機会を確保するように配慮しましょう。

〈チェック事項〉

17 衛生管理

- □ 訪問介護員の清潔の保持や健康状態の管理に努めているか
- □ 事業所の設備及び備品について、衛生的な管理に努めているか
- □ 訪問介護員が感染源となることを予防するための対策を講じているか

18 居宅介護支援事業者への不当な働きかけ・利益供与の禁止

- □ ケアプランの作成又は変更の際に、不当な働きかけを行っていないか
- □ 金品その他の財産上の利益を供与していないか

17 衛生管理

- 設備の清掃、消毒や、備品の保管方法等に配慮し、常に清潔に保つように努める必要があります。
- 訪問介護員が感染症等の感染源とならないため、**使い捨て手袋を使用する**など、対策を講じましょう。
  → 感染症への対応については、「(3) その他の運営基準」の「1 感染症への対応」30頁を参照

18 居宅介護支援事業者への不当な働きかけ・利益供与の禁止

- 利益供与に当たらない場合であっても、居宅介護支援事業者がケアプランの作成又は変更を行う際に、**利用者にとって不要なサービスを位置づけるよう働きかけることは禁止されています。**
- また、居宅介護支援の公正中立性を確保するため、利用者に対して特定の事業者によるサービスを利用させる代償として、**居宅介護支援事業者へ利益を供与することは禁止されています。**

> **注意！** 変更の届出は適切に！
>
> 　都道府県等に変更の届出が必要な場合には、適切に届け出るようにしましょう。例えば次のような場合には、変更の届出が必要です。
> - 事業所の専用区画の変更
> - 管理者の変更
> - サービス提供責任者の変更
> - 運営規程の変更
>
> 　変更があった場合には、変更後10日以内に届け出る必要がありますので、注意しましょう。

解説　高齢者の虐待の発生等を防止する措置

　虐待防止の措置を講じていないと減算の対象にもなります。以下を参考に、必ず実施してください。

○委員会のメンバー構成
　管理者を含む幅広い職種で構成します。内部関係者のみの構成でもよいですが、外部から虐待防止の専門家等を登用できるのが望ましいです。なお、他の検討委員会と一体的に実施することも可能です。

○委員会の開催頻度
　おおむね6ケ月に1回以上をめやすに定期的に開催します。

○委員会の検討事項の例
- 虐待防止検討委員会その他事業所内の組織に関する事項
- 虐待防止のための指針の整備に関する事項
- 虐待等について、従業者が相談・報告できる体制整備に関する事項
- 従業者が虐待等を把握した際に、役所への通報が迅速かつ適切に行われるための方法に関する事項
- 虐待等が発生した場合、その発生原因等の分析から得られる再発防止策に関する事項
- 再発防止策を講じた際の効果についての評価に関する事項

○虐待防止のための指針に盛り込む主な内容
- 事業所における虐待防止に関する基本的な考え方について
- 虐待防止検討委員会その他事業所内の組織に関する事項について
- 虐待防止のための職員研修に関する基本方針について
- 虐待等が発生した場合の対応方法に関する基本方針について
- 虐待等が発生した場合の相談・報告体制に関する事項について
- 成年後見制度の利用支援に関する事項について
- 虐待等に対する当該指針の閲覧に関する事項について
- その他虐待防止の推進のために必要な事項について

○虐待防止のための研修の実施方法と内容

　虐待等の防止に関して適切な知識を普及・啓発する基礎的内容と事業所の指針に基づいた研修プログラムを作成し、年1回以上実施してください。

　基本的に内部研修として実施し、研修の実施内容を記録することが重要です。また、新規採用時には、新規採用職員向けに別途研修を実施してもよいでしょう。

○虐待防止措置の担当者

　専任の担当者が必要です。虐待防止検討委員会の責任者と同一人物が望ましいとされています。

注意！ 虐待が発覚すると予告なしに監査！

　運営指導は実施前に事前通告を行うこととされていますが、虐待が疑われる場合には、予告なしでの監査など、厳しい対応となります。

解説　感染症の予防及びまん延の防止のための措置

○委員会のメンバー構成
　感染対策の知識を有する者を含む幅広い職種で構成します。内部関係者のみの構成でもよいですが、外部から感染症予防の専門家等を登用できるのが望ましいです。なお、他の検討委員会と一体的に実施することも可能です。

○委員会の開催頻度
　おおむね6ケ月に1回以上をめやすに定期的に開催します。ただし、感染症の流行時期には随時開催してください。

○委員会の活動内容
　主に以下の内容を委員会で検討します。また、委員会の決定事項は全職員への周知徹底が図られるよう努め、議事録等を残してください。
- 感染症対策委員会その他感染症に関する事業所内の組織に関する事項
- 感染症の予防及びまん延防止のための指針の整備に関する事項
- 指針に基づく感染症の予防及びまん延防止の平常時の対応、発生時の対応に関する事項

○指針に盛り込む主な内容
- 平常時の事業所内の衛生管理
- ケアに係る感染対策（手洗い、標準的な予防策等）
- 感染症発生時の状況把握
- 感染症拡大の防止策
- 医療機関、保健所、市町村等の関係機関との連携
- 事業所内の連絡体制

○研修の実施方法と内容

　事業所の指針に基づいた衛生管理の徹底や衛生的なケアの方法などを盛り込み、感染対策の基礎的内容の適切な知識を普及啓発する内容のものを年1回以上実施してください。厚生労働省の「介護現場における感染対策の手引き」等も活用してください。

　基本的に内部研修として実施し、研修の実施内容を記録することが重要です。また、新規採用時には、新規採用職員向けに別途研修を実施してもよいでしょう。

○訓練の実施方法と内容

　事業所における指針や研修内容に基づき、事業所内の役割分担の確認や感染対策をした状態でのケアの演習等を年1回以上実施してください。机上訓練と実地訓練を組み合わせながら実施することが望ましいです。厚生労働省の「新型コロナウイルス感染症感染者発生シミュレーション～机上訓練シナリオ～」も参考としてください。感染症に対する業務継続計画（BCP）研修と一体的に開催することも可能です。

(4) ケアマネジメントプロセス

ケアマネジメントプロセスは、介護サービスの業務の流れの基本中の基本です。
運営指導では、次のプロセスの順番に確認されますので、この流れに沿って、書類や記録を整理整頓しておきましょう！

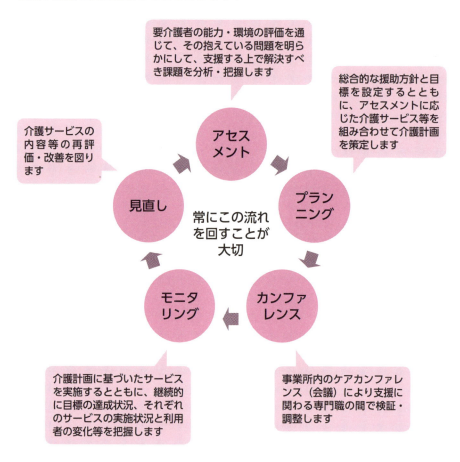

3 運営基準　(4) ケアマネジメントプロセス

〈チェック事項〉

1 アセスメント

- [ ] 利用者ごとにアセスメントシートを作成しているか
- [ ] アセスメントの内容を個別サービス計画の目標に反映しているか
- [ ] 「アセスメントシート」と「個別サービス計画」の枚数が同じか

悪い例
個別サービス計画が
2回見直されているのに
アセスメントは
初回しか行われていない。

アセスメントシート	個別サービス計画
	3. 見直し
	2. 見直し
1. 初回	1. 初回作成

正しい例
個別サービス計画が
2回見直され、
アセスメントも
見直しのたびに行われている。

アセスメントシート	個別サービス計画
3. 作成	3. 見直し
2. 作成	2. 見直し
1. 初回	1. 初回作成

アセスメントに基づいて計画を作ると枚数が同じになる！

第1章 人員・設備・運営基準

1 アセスメント

- アセスメントは、情報収集→課題分析→利用者・家族の希望を聞くという手順で行います。
- アセスメントの内容は、個別サービス計画の目標に反映させなければなりません。**アセスメントの内容と個別サービス計画の目標の整合性がとれていること**が大切です。

> **注意！** 個別サービス計画の目標にケアプランの丸写しはNG
>
> ケアプランの目標をそのまま写したような目標が個別サービス計画に記載されているのは問題です。ケアプランと個別サービス計画の目標が同じではいけません。
>
> 運営指導で指導されるかどうかは、介護事業者が個別サービス計画の目標にアセスメントを反映しなければいけないことを知っているか否かがポイントです。その点をふまえた上で、結果的にケアプランと個別サービス計画が同じ目標になった場合は問題ありませんが、そのことを知らず、単にケアプランの丸写しの場合は指導の対象となります。

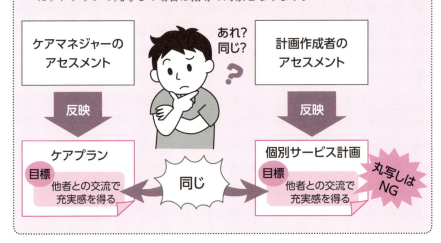

- 個別サービスの計画を見直す際には、計画作成時と同様にアセスメントを行う必要があります。アセスメントに基づいて計画を作成すると、アセスメントシートと個別サービス計画は同じ枚数になるはずです。

3 運営基準 (4) ケアマネジメントプロセス

〈チェック事項〉

2 プランニング

☐ 個別サービス計画の同意の署名等の漏れはないか
☐ 介護報酬の請求と加算算定は同意の日から開始しているか

2 プランニング

- 個別サービス計画は作成時点では原案に過ぎず、利用者に説明して、同意を得た時点で本プランとなります。
- 本プランとなった計画は、同意の署名か印鑑が必要です。計画の説明と利用者の同意はとても重要なプロセスです。**サービス提供も加算算定も開始できるのは、同意の日から**と決まっています。

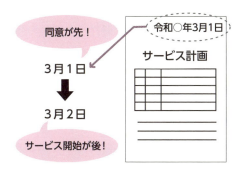

- 個別サービス計画のプランニングの段階でケアプランが到着していない場合は、サービス担当者会議の内容や独自のアセスメント結果をふまえて個別サービス計画を作成して、利用者に説明し、同意を得た上でサービスをスタートします。

　後日、ケアプランが到着した時点で個別サービス計画と突合し、内容に整合性がとれている場合は、そのまま進行します。整合性がとれない場合は、その時点で個別サービス計画を再作成し、改めて利用者に説明して同意を得る必要があります。

➡「(6) 訪問介護計画」の「1 訪問介護計画の作成者、ケアプランとの関係」56頁を参照

第1章 人員・設備・運営基準

〈チェック事項〉

3 モニタリング

- □ 目標の期間ごとにモニタリングを行っているか
- □ モニタリングには目標の達成状況の評価を含めているか
- □ 目標が達成された場合、新しい個別サービス計画を作成しているか
- □ モニタリングシートを作成しているか
- □ モニタリングシートに利用者又は家族の署名か印鑑はあるか

3 モニタリング

- モニタリングの重要な役割に、個別サービス計画の達成状況の評価があります。**その評価は、短期目標の期間ごとに行う**ことが基本です。
- 目標の達成状況によって計画の見直しや、新たな計画作成等を行います。
- モニタリングシートは利用者又は家族に説明し、説明の終了後に、確認の意味で署名か印鑑をもらいます。

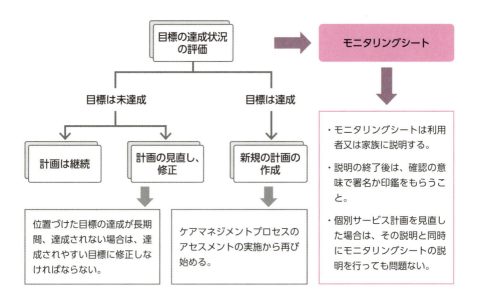

(5) ケアプランとの整合性

　運営指導では、サービス提供に関する計画や諸記録がケアプランに沿ったものとなっているかが重要になります。計画や記録にあたっては、この点に注意しましょう。

〈チェック事項〉

1 訪問介護計画

- ☐ ケアプランに位置づけられた訪問介護サービスは、すべて訪問介護計画に位置づけられているか
- ☐ ケアプランにない訪問介護サービスが、訪問介護計画に位置づけられていないか

2 サービス提供

- ☐ 訪問介護員が行うサービスは、訪問介護計画書に沿っているか
- ☐ サービス提供記録の内容と、ケアプラン、訪問介護計画のサービス内容が同じになっているか

ポイント ケアプラン・訪問介護計画・サービス提供記録の内容は一貫しているか

　訪問介護サービスの提供の流れの中で、最初に作られる計画はケアプランです。ケアマネジャーが作成したケアプランの内容に沿って、訪問介護事業所のサービス提供責任者が訪問介護計画を作ります。その訪問介護計画に従って訪問介護員が訪問介護サービスを提供し、サービス終了後にサービス提供記録を書きます。

　このケアプランからサービス提供記録までの上から下への流れが一本のラインのようにまっすぐでなければなりません。途中でふくらんでも、凹んでもいけません。

ケアプラン（第2表）
↓
訪問介護計画
↓
サービス提供記録

第1章 人員・設備・運営基準

1 訪問介護計画

- 訪問介護計画に位置づける訪問介護サービスは、ケアプランに位置づけられた訪問介護サービスと一致している必要があります。
- 訪問介護計画の作成後にケアプランが作成された場合でも、訪問介護計画とケアプランの内容にズレがないか確認し、必要に応じて変更する必要があります。

注意！ ケアプランにない訪問介護サービスの報酬は返還に！

最近の運営指導の指導事例では、ケアマネジャーがケアプランに位置づけたサービスが訪問介護計画に含まれていない、又は、ケアプランにない訪問介護サービスが訪問介護計画に含まれている、ケアプランにも訪問介護計画にもない訪問介護サービスがサービス提供記録に記載されているなどがあります。

ケアプランにない訪問介護サービスを訪問介護計画に位置づけて提供しても、そのサービス提供は認められず介護報酬の請求もできません。このようなサービスの提供について、運営指導において介護報酬の返還が指導されます。また、ケアプランに位置づけられている訪問介護サービスが訪問介護計画に含まれていない場合も指導対象となります。

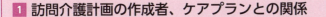

(6) 訪問介護計画

〈チェック事項〉

1 訪問介護計画の作成者、ケアプランとの関係

- ☐ サービス提供責任者が訪問介護計画を作成しているか
- ☐ ケアプランの内容に沿って訪問介護計画を作成しているか
- ☐ ケアプランを作成している居宅介護支援事業者から訪問介護計画の提供を求められた場合に協力しているか

2 訪問介護計画の作成

- ☐ 計画作成に当たり、アセスメントを行って、利用者の状況を把握・分析して解決すべき問題状況を明らかにしているか
- ☐ 目標や提供するサービスは、上記アセスメントに基づき、利用者の状況や希望をふまえた内容となっているか
- ☐ 計画書には、援助の方向性や目標、提供するサービスの内容、所要時間、日程、担当する訪問介護員の氏名を記載しているか

3 利用者への説明・同意、計画書の交付

- ☐ 計画書の内容を利用者又は家族に説明し、利用者の同意を得ているか
- ☐ 作成(変更)した訪問介護計画書を利用者に交付しているか

4 訪問介護計画の実施、変更

- ☐ 計画作成後に計画の実施状況を把握し、必要に応じて計画変更を行っているか
- ☐ サービス提供責任者は、他の訪問介護員が行うサービスが訪問介護計画に沿って実施されているかについて把握し、助言・指導等を行っているか
- ☐ サービスの実施状況や評価についても、利用者又は家族に説明しているか

1 訪問介護計画の作成者、ケアプランとの関係

- **訪問介護計画の作成は、サービス提供責任者の職務**です。他の職員や管理者が行うことはできません。
- 訪問介護計画はケアプランに沿ったものでなければなりません。基本的にはケアプランが先に作成されるものですが、訪問介護計画が先に作成された場合にも、その後に作成されたケアプランに沿っているか確認します。内容に齟齬がある場合には、ケアプランに合わせて訪問介護計画を変更する必要があります。
  ➡ ケアプランとの整合性については「(5) ケアプランとの整合性」53頁を参照

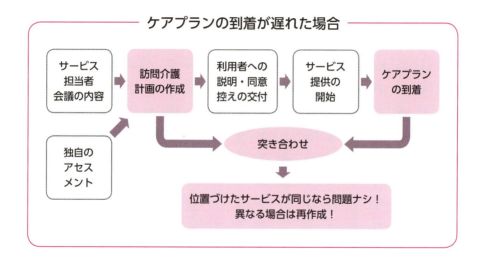

2 訪問介護計画の作成

- 計画の作成に当たっては、利用者の心身や生活の状況把握と分析のために、必ずアセスメントを実施しなければなりません。このアセスメントは初回だけでなく、**変更等により計画を作成するたびに行います**。
  ➡「(4) ケアマネジメントプロセス」の「1 アセスメント」50頁を参照

3 運営基準 (6) 訪問介護計画

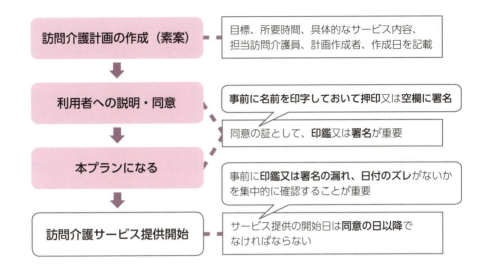

3 利用者への説明・同意、計画書の交付

- 作成した計画書の内容については、利用者やその家族に理解しやすい方法で説明を行い、利用者の同意を得る必要があります。同意の証として印鑑又は署名が重要な記録になります。
- サービスが提供できるのは同意の日以降になりますので、日付に注意します。
  → 「(4) ケアマネジメントプロセス」の「2 プランニング」51頁を参照
- 訪問介護計画の作成・変更を行った場合には、訪問介護計画書を必ず利用者に交付します。

4 訪問介護計画の実施、変更

- サービス提供責任者は、訪問介護計画を作成した上で定期的にモニタリングを行って、計画の実施状況や評価についても利用者やその家族に説明しなければなりません。
- サービス提供責任者は、他の訪問介護員が実施するサービスについても状況を把握し、ケアプランに沿っていない場合には助言・指導を行います。

(7) 会計の区分

〈チェック事項〉

> **1 会計の区分**
>
> ☐ 複数の拠点がある場合は、拠点ごとに会計を区分しているか
> ☐ 複数の部門（事業）がある場合は、事業ごとに会計を区分しているか

1 会計の区分

- 「会計の区分」とは、事業所ごと、事業ごとに会計を分けるというルールのことで、運営基準に定められています。
- **複数の拠点※を運営している場合は、その拠点ごとに会計を分けなければいけません。** これを「本支店会計」といいます。

  ※訪問介護であれば、同じ事業者でも別々の場所に複数の事業所を持ち、それぞれ訪問介護サービスを行っている場合は、各事業所が拠点となります。

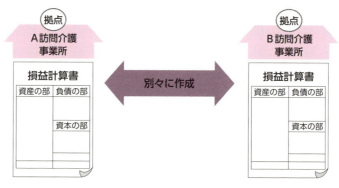

- 複数の拠点で営業している場合は、拠点ごとに、それぞれで実施している介護事業や自費サービス、他の事業ごとに、収入・経費・利益を分けて損益計算書を作ります。

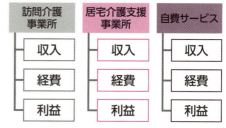

3 運営基準 (7) 会計の区分

- ひとつの拠点で訪問介護と居宅介護支援事業所、障害福祉サービス、自費サービス、一般事業等の**複数の部門を営んでいる場合は**、それぞれの部門ごとに分けて会計を行います。これを「部門別会計」といいます。
- 「会計を分ける」とは、少なくとも損益計算書をそれぞれ別に作成するということです。収入だけでなく、給与や電気代、ガソリン代など**すべての経費を拠点ごと、部門ごとに分けなければなりません**。一般的には、経費を使った部署が明らかな場合は、会計伝票を分けて起票します。

ポイント 電気代などは月末決算時に按分

　日常の経理では、同じ建物内の電気代や水道代など明確に分けることができない経費を共通経費としてまとめておいて、月末や決算時に「按分比率」というものを使って各サービスの部門に割り振ります。これを共通経費按分といいます。「按分比率」の基準としては、厚生労働省から、「延利用者数割合」などの例示が出ています※。

　しかし、それほど厳密に考える必要はなく、運営指導で担当者に説明できる合理的な基準を用いて割り振っていれば問題はありません。介護施設や社会福祉法人の会計基準にも同様の会計の区分の規定があります。

　これを怠り、運営指導で指摘された場合、通常は3年前にさかのぼって会計の区分に沿った決算書の再作成と提出が求められます。

※平成13年3月28日老振発第18号「介護保険の給付対象事業における会計の区分について」

注意！ 会計事務所に任せているから大丈夫？

　会計事務所が通常行っているのは税務会計といって、税金の計算のための会計です。それと介護保険制度上の「会計の区分」は別物であり、この基準があることを多くの会計事務所はまだ知りません。

　「会計の区分」を知っているかどうかは、契約している会計事務所の介護事業に関する知識のレベルを測る物差しにもなります。会計事務所が介護保険制度に対応した会計ができるかどうか、見極めることも大切です。任せっきりはいけません。

(8) 介護サービス事業者経営情報の公表義務

〈チェック事項〉

1 情報公表制度への経営情報の掲載

- ☐ 経営情報公表の対象事業所であるか
- ☐ 公表する事項はすべてそろっているか
- ☐ 会計年度終了後3ケ月以内に提出しているか

1 情報公表制度への経営情報の掲載

- 令和6年度改正により、介護サービス事業者経営情報を、所轄する都道府県知事に報告することが義務化されました（介護保険法第115条の44の2第2項）。提出をしない又は虚偽の報告を行った場合は、期間を定めて報告もしくは内容を是正することを命ずることができるとされ（同第6項）、その命令に従わない時は、指定取消しや業務停止の処分ができるとされています（同第8項）。
- 財務諸表等の経営情報を定期的に都道府県知事に届け出るための提出方法として、情報提供のための全国的な電子開示システムとデータベースが整備され、情報公表システムへの提出となります。提出期限は毎会計年度終了後3ケ月以内です（令和6年度は年度末までに提出）。
- 小規模事業者等に配慮する観点から、運営するすべての施設、事業所が、以下のいずれかに該当する場合には提出の対象外とされています。
    a 当該会計年度に提供を行った介護サービスに係る費用の支給の対象となるサービスの対価として支払を受けた金額が百万円以下であるもの
    b 災害その他都道府県知事に対し報告を行うことができないことにつき正当な理由があるもの
- 介護サービス事業者から都道府県知事に対して報告が義務づけられている介護サービス事業者経営情報は次の事項となります。ただし、介護サービス事業者の有する事業所又は施設の一部が上記のa・bの基準に該当する場合には、

その事業所又は施設に係る事項は含まないものとします。
①事業所又は施設の名称、所在地その他の基本情報
②事業所又は施設の収益及び費用の内容
③事業所又は施設の職員の職種別人員数その他の人員に関する事項
④その他必要な事項
- 提出される経営情報は、施設、事業所単位で集計する必要があり、その会計基準は「会計の区分」で処理されたものとなります。公表が必要な財務諸表は、貸借対照表、損益計算書、キャッシュフロー計算書です。原則として、介護サービス事業所又は施設単位での提出となります。ただし、拠点や法人単位で一体会計をしていて、事業所又は施設単位での区分けが困難な事業者は、拠点単位や法人単位での提出が可能です。その場合は、公表対象が明確になるように、会計に含まれている事業所または施設を明記することが必要です。

> **ポイント　1人当たり賃金の公表は任意です**
>
> 　介護サービス情報公表制度には1人当たり賃金の項目もありますが、任意の情報とされています。原則として、介護サービス事業所又は施設単位での提出となります。ただし、事業者の希望によって法人単位での公表も可能ですが、その場合は含まれている事業所又は施設を明記することが必要です。

人員基準違反や減算逃れによる指定取消し
平成22年　指定取消し

行政処分の理由

常勤専従が要件であるサービス提供責任者が、同一法人が経営する有料老人ホームの職員として夜勤等を行っており、人員基準を違反していた。

訪問介護事業所の指定申請の際に、訪問介護事業所の事務所が、実際は有料老人ホームの中にあるにもかかわらず、別の場所にあるとして虚偽の申請をし、不正な手段により指定を受けた。

また、常勤専従が要件であるサービス提供責任者について、当初からその要件を満たさない者であるにもかかわらず、要件を満たすかのような虚偽の勤務形態一覧表を作成して申請し、不正な手段により指定を受けていた。

不正のポイント

▶**サービス提供責任者は、利用者40人に対して1人は常勤専従であることが求められる**
利用者が40人に満たない場合でも、1人は常勤専従でなければならない

常勤専従のサービス提供責任者は、高齢者住宅の夜勤はできません。行った場合は兼務と判断され、人員基準違反となります。サービス提供責任者は、利用者40人に1人は常勤専従で配置することとされています。**人員基準違反は、介護報酬の減算には該当しませんが、指定取消し等の行政処分の対象となります。**

▶**訪問介護の事業所の実態が確認され、届出された所在地に実態がない場合は指導対象に**

集合住宅減算の適用を逃れるために、事業所の所在地について虚偽の届出をしたとしても、事業所の活動の実態が確認されるため、すぐに不正を働いていたことは明るみに出ます。このケースでは、書類や勤務スペースが有料老人ホーム内にあることが判明し、虚偽の届出をしていたとされ、指定取消しの処分となりました。

第 2 章

介護報酬の算定要件

―報酬返還にならないために―

第 2 章　介護報酬の算定要件

　訪問介護の介護報酬は、提供したサービスの内容や提供時間によって基本となる訪問介護費が決まっていますが、提供したサービスの内容や事業所の体制等によっては「加算」や「減算」があります。
　訪問介護費や加算を算定するには「算定要件」を満たす必要があります。本章では、「訪問介護費」「減算」「加算」それぞれの算定要件を解説しています。
　算定要件は少なくとも一度はしっかりと確認して、これを満たした人員体制やサービスを維持できるように毎月チェックしましょう。

●**訪問介護費** ➡ 本章「1 訪問介護費」（65頁〜）を参照

　訪問介護の提供に対して支払われる介護報酬の基本となる部分です。

●**減算** ➡ 本章「2 減算」（76頁〜）を参照

　人員不足や定員超過など、基準を満たしていない場合に介護報酬が減算される仕組みを「減算」といいます。訪問介護においては、次の減算があります。
　① 同一建物減算（76頁）
　② 高齢者虐待防止措置未実施減算（82頁）
　③ 業務継続計画未策定減算（84頁）

●**加算** ➡ 本章「3 加算」（86頁〜）を参照

　手厚いサービスや体制等を評価するために、訪問介護には次の「加算」があり、一定の条件を満たしていると単位数が上乗せされます。

① 身体介護に引き続き生活援助を行った場合（生活援助加算）（86頁）
② 2人の訪問介護員等による場合（88頁）
③ 夜間早朝・深夜の場合（89頁）
④ 特定事業所加算（90頁）
⑤ 特別地域訪問介護加算（108頁）
⑥ 中山間地域等における小規模事業所加算（110頁）
⑦ 中山間地域等に居住する者へのサービス提供加算（112頁）
⑧ 緊急時訪問介護加算（114頁）
⑨ 初回加算（116頁）
⑩ 生活機能向上連携加算（118頁）
⑪ 口腔連携強化加算（122頁）
⑫ 認知症専門ケア加算（124頁）
⑬ 介護職員等処遇改善加算（128頁）

1 訪問介護費

訪問介護費

　訪問介護費は、「身体介護」「生活援助」「通院等乗降介助」の3種類があり、それぞれ単位が異なります。

○身体介護が中心である場合（身体介護）

所要時間20分未満の場合	163単位
所要時間20分以上30分未満の場合	244単位
所要時間30分以上1時間未満の場合	387単位
所要時間1時間以上の場合	567単位 ＋　所要時間30分ごとに82単位を加算した単位数

　①利用者の身体に直接接触して行う介助（入浴介助や排泄介助など）とこれを行うために必要な準備や後始末、②利用者の日常生活を営むのに必要な機能の向上等のための介助（見守り的援助）、③専門的な援助を行った場合

○生活援助が中心である場合（生活援助）

所要時間20分以上45分未満の場合	179単位
所要時間45分以上の場合	220単位

　単身世帯の利用者又は家族や親族と同居している利用者で、家族等の障害や疾病等の理由で、利用者又は家族等が家事を行うことが困難な場合に、生活援助※が中心である訪問介護サービスを行った場合

※調理、洗濯、掃除等の家事の援助で、このサービスを受けないと日常生活に支障が生じる居宅要介護者に対して行われるもの

○通院等のための乗車又は降車の介助が中心である場合（通院等乗降介助）

97単位（1回につき片道）

　病院等への通院等のため、訪問介護員等が運転する車両への乗車・降車の介助を行うとともに、あわせて、乗車前又は降車後の屋内外での移動等の介助や通院先又は外出先での受診等の手続き、移動等の介助を行った場合

第2章　介護報酬の算定要件

〈チェック事項　基本事項〉

1 他サービスとの関係

- □ 短期入所サービスや居住系サービスの利用中に訪問介護費を算定していないか
- □ 通所サービスの利用中に訪問介護費を算定していないか
- □ 訪問介護と他の訪問サービスの同一時間帯の利用は、その必要性が認められる場合に限定しているか

2 サービスを提供する場所等

- □ 利用者の居宅でサービスを提供しているか
- □ 利用者が不在時にサービスを提供していないか
- □ キャンセル等により、サービスを提供しなかった場合に算定していないか

1 他サービスとの関係

- 利用者が次のサービスを利用している間は、訪問介護費は算定できません。
    - a　短期入所生活介護／短期入所療養介護
    - b　特定施設入居者生活介護
    - c　定期巡回・随時対応型訪問介護看護
    - d　小規模多機能型居宅介護
    - e　認知症対応型共同生活介護
    - f　地域密着型特定施設入居者生活介護
    - g　地域密着型介護老人福祉施設入所者生活介護
    - h　看護小規模多機能型居宅介護

    ただし、定期巡回・随時対応型訪問介護看護を利用している利用者に通院等乗降介助を行った場合は、通院等乗降介助の単位が算定できます。

- 同一時間帯に通所サービスと訪問介護を利用した場合は、訪問介護費は算定できません。例えば、利用者が通所介護を利用している間に、本人不在の居宅で掃除等の生活援助を行う場合がこれに該当しますが、生活援助は本人の安否確認や健康チェックもあわせて行うべきものです。

> **ポイント** 必要があれば2つの訪問サービスを同時に利用できる！
>
> **同一時間帯には、1つの訪問サービスを利用する**ことが原則です。
>
> しかし例外として、利用者の心身の状況や介護の内容に応じて同一時間帯での利用が必要と認められる場合に限り、訪問介護と訪問看護や訪問リハビリテーションを同一利用者が同一時間帯に利用して、それぞれ所定単位数を算定することができます。
>
> 例えば、家庭の浴槽で入浴介助をする際に、アセスメントにより利用者の心身の状況等から同時に訪問看護の利用が必要と判断されたために、訪問介護（身体介護中心）と訪問看護を同一時間帯に利用した場合などがこれに該当します。

2 サービスを提供する場所等

- **訪問介護は、要介護者の居宅で行われるもの**とされ（介護保険法第8条）、居宅以外の場所で行われるものは算定できません。外出の介助（通院等乗降介助）は居宅以外でも行われますが、あくまでも**居宅を起点**としたものに限定されます。
  → 「8 通院等乗降介助」70頁を参照
- 利用者本人が不在の時に提供したサービスについては、訪問介護費を算定できません。
- 不在等のためにサービスを提供しなかった場合も当然、算定できません。利用者の都合によるキャンセルであっても同様です。

〈チェック事項　所要時間の取扱い等〉

3　1対1の介護

- ☐ 1人の訪問介護員が同時に複数の利用者にサービスを提供していないか

4　算定する時間

- ☐ 実際のサービス提供にかかった時間ではなく、訪問介護計画に位置づけられた時間で単位数を算定しているか
- ☐ 1人の利用者に複数の訪問介護員が交代でサービスを提供した場合は、それぞれの所要時間を合計して、1回の訪問介護として算定しているか
- ☐ おおむね2時間未満の間隔で複数回のサービスを提供する場合は、それぞれの所要時間を合計して、1回の訪問介護として算定しているか

5　頻回な訪問を含む「20分未満の身体介護」

- ☐ 2時間未満の間隔で提供された「20分未満の身体介護」を合算せずに複数回で算定する場合は、必要な要件を満たしているか

3　1対1の介護

- **訪問介護は1対1で行うことが原則**です。1人の訪問介護員が同時に複数の利用者にサービスを提供することはできません。
- 1人の利用者に複数の訪問介護員が交代でサービス提供することは可能ですが、所要時間の扱いに注意が必要です。
- 同時に2人の訪問介護員が1人の利用者にサービスを提供する場合は、一定の要件を満たしていれば、2倍での算定が可能です。
  → 3 加算「(2) 2人の訪問介護員等による場合」88頁を参照

4 算定する時間

- １人の利用者に複数の訪問介護員が交代でサービスを提供した場合、訪問介護員それぞれの所要時間を合算して、１回の訪問介護として所定単位数を算定します。訪問介護員ごとに複数回の訪問介護として算定することはできません。
- １日に複数回のサービスを提供する場合（頻回の訪問）、サービスの間隔がおおむね**２時間未満**であれば、**それぞれの所要時間数を合算**して、１回の訪問介護として所定単位数を算定します。この規定を「**２時間ルール**」といいます。
  → 「解説　２時間ルールの適用」73頁を参照

> **注意！** ▶ 算定する時間は「実際にかかった時間」ではない！
>
> 　訪問介護の所要時間については、実際のサービス提供にかかった時間ではなく、**訪問介護計画に位置づけられた内容の訪問介護サービスを行うのに要する標準的な時間**で算定します。
> 　例えば、50分の身体介護が訪問介護計画書に位置づけられていた場合、実際のサービス提供は諸々の事情により70分かかったとしても、計画に位置づけられた50分で訪問介護費を算定します。

5 頻回な訪問を含む「20分未満の身体介護」

- 同日に複数回の「20分未満の身体介護」を提供する場合で、一定の要件を満たしていれば、サービスの間隔が２時間未満であっても、合算して１回とせずに、「20分未満の身体介護」を複数回、算定することができます。
  → 「解説　頻回の訪問ができる「20分未満の身体介護」」75頁を参照

〈チェック事項　サービスの内容〉

6　身体介護

- ☐ 単なる見守りや声かけを身体介護で請求していないか
- ☐ 20分未満の身体介護は、主なサービスの内容が単なる安否確認や健康チェックになっていないか
- ☐ 医療行為（たんの吸引・経管栄養）で身体介護を算定する場合は、要件を満たしているか

7　生活援助

- ☐ 次のようなサービスを提供していないか
  又は、サービスを行った時間をサービス提供時間に含めていないか
  ・直接本人の援助に該当しないサービス
  ・日常生活の援助に該当しないサービス

8　通院等乗降介助

- ☐ 利用者の居宅を出発地又は到着地としない移動の介助で算定していないか
- ☐ 乗車と降車で分けて算定していないか
- ☐ 居宅での通院準備から通院先での手続きまでの一連の行為を細かく分けて算定していないか

6　身体介護

- 自立支援、ADL・IADL・QOL向上の観点から安全を確保しつつ常時介助できる状態で行う見守りは、自立生活支援のための見守り的援助として、身体介護で算定できますが、単なる見守り・声かけはこれに含まれません。
  → 「解説　自立生活支援のための見守り的援助」74頁を参照
- 「20分未満の身体介護」の内容は、排泄や起床の介助など定期的に必要な短時間の身体介護を想定しています。単なる安否確認や健康チェックに伴って、

若干の身体介護を行うような場合は算定できません。
- 医療行為は本来は医師と看護職が行うこととされていますが、一定の要件を満たしていれば、喀痰吸引と経管栄養に限って訪問介護事業所で行うことが認められています。これらの医療行為は身体介護として取り扱います。
  ➡ 医療行為を行うための要件の詳細は、第3章「(3) 医療行為」160頁を参照

7 生活援助

- 訪問介護は被保険者本人に対するサービスだけが対象となるため、**直接、本人の援助に当たらない行為では算定できません**。例えば、同居家族分の調理や洗濯をすること、マンションの共有部分の掃除などがこれに該当します。
- 年末の大掃除や庭の手入れなど**日常の家事の範囲を超える行為**も、訪問介護の対象外となります。また、訪問介護員が行わなくても日常生活に支障がない行為である、ペットの散歩なども訪問介護費では算定はできません。
  ➡ 第3章「(4) 訪問介護では算定できない事例」164頁を参照
- 身体介護に引き続いて生活援助を行うなど、1回の訪問介護に身体介護と生活援助の両方が含まれる場合は、身体介護の単位数に生活援助の所定単位数を加算する形で算定します。
  ➡ 3 加算「(1) 身体介護に引き続き生活援助を行った場合(生活援助加算)」86頁を参照

8 通院等乗降介助

- 訪問介護は利用者の居宅で行われるものですが、通院等乗降介助は**居宅で行われる目的地に行くための準備を含む一連のサービス行為**とみなされるため、居宅以外でのサービス提供を認められています。したがって、**居宅以外で行われるバス等の公共交通機関への乗降、院内の移動等の介助のみでは算定できません**。算定できるのは、居宅を含む移動の介助に限られます。
  ➡ 第3章「(4) 訪問介護では算定できない事例」164頁を参照
- 通院等乗降介助は、乗車と降車の一連のサービスとして片道分を算定します。乗車と降車を分けて、それぞれ別に算定することはできません。
- 「車への乗降介助」「前後の屋内外での移動等介助」「通院先での受診手続等」の一連のサービスを細かく区分し、それぞれを算定することはできません。

第2章　介護報酬の算定要件

- 1日に2ケ所の病院へ行くなど目的地が複数ある場合で、居宅が始点又は終点となる場合には、その間の病院等から病院等への移送や、通所系サービス・短期入所系サービスの事業所から病院等への移送といった目的地間の移送に係る乗降介助に関しても、同一の事業所が行うことを条件に算定が可能です。

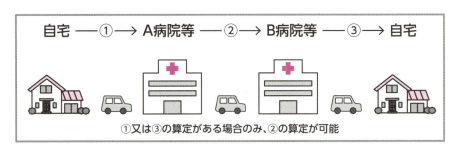

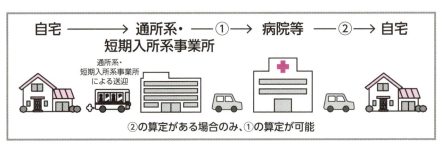

解説　2時間ルールの適用

　訪問介護には、**前後2つの訪問介護サービスの間隔が2時間未満の場合は、2つのサービスの所要時間を合算する**という独自の規定があり、これを「2時間ルール」といいます。

　例えば、25分の身体介護を提供し、間隔を空けて30分の身体介護を提供する場合、25分と30分のサービスの間が2時間以上空いていた場合は、それぞれ25分と30分の提供時間に応じた介護報酬を算定します（244＋387＝631単位）。

　しかし、サービスの間が2時間未満の場合は、2つのサービスを1つのサービスと見なして、25分＋30分で1回55分の提供時間に応じた介護報酬を算定します（387単位）。

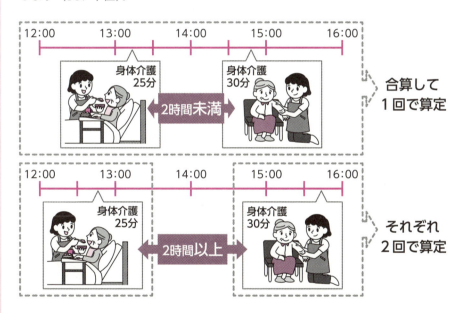

　ただし、緊急時訪問介護加算を算定する場合又は医師が回復の見込みがないと判断した場合（看取り期）には、2時間ルールは適用されません。また、20分未満の身体介護については、事業所の体制や利用者について一定の要件を満たしていれば、2つの訪問介護サービスの間隔が2時間未満であっても、合算せずにそれぞれ20分未満の報酬単位を請求できる場合があります。

　➡「解説　頻回の訪問ができる「20分未満の身体介護」」75頁を参照

解説　自立生活支援のための見守り的援助

　身体介護には、利用者の身体に直接接触して行う介助だけでなく、安全を確保しつつ常時介助できる状態で行う見守り等（見守り的援助）も含まれます。
　例えば、掃除、洗濯、調理などの生活援助に関連する行為で、次のような**利用者の日常生活動作能力（ADL）や意欲の向上のために利用者と共に行う自立支援のためのサービス行為**は、見守り的援助として身体介護で算定できます。
　一方、掃除や洗濯、調理をしながら単に見守り・声かけを行う場合は、生活援助での請求となります。

- ○利用者の手助けや声かけ及び見守りをしながら、次の行為を一緒に行う。
    - 掃除、整理整頓（安全確認の声かけ、疲労の確認を含む）
    - 調理、配膳、後片付け（安全確認の声かけ、疲労の確認を含む）
    - 衣類の整理・被服の補修、ベッドのシーツや布団カバーの交換 等
- ○認知症の高齢者と一緒に冷蔵庫の中の整理等を行うことで、生活歴の喚起を促す。
- ○洗濯物を一緒に干したりたたんだりすることで自立支援を促すとともに、転倒予防等のための見守り・声かけを行う。
- ○車いす等での移動介助を行って店に行き、本人が自ら品物を選べるよう援助する。

　また、利用者の身体に直接接触しない、見守りや声かけ中心のサービス行為であっても、次のような介助は、自立支援やADL向上の観点から身体介護で請求できます。それ以外の単なる見守り・声かけは訪問介護として算定できません。

- ○ベッド上からポータブルトイレ等（いす）へ利用者が移乗する際に、転倒等の防止のため付き添い、必要に応じて介助を行う。
- ○ベッドの出入り時など自立を促すための声かけや見守り（必要な時だけ介助）
- ○入浴、更衣等の見守り（必要時の介助、転倒予防の声かけ、気分の確認などを含む）
- ○自力で服薬ができるよう、服薬時に直接介助は行わずにそばで見守り、服薬を促す。
- ○認知症等の高齢者がリハビリパンツやパット交換を見守り・声かけを行うことにより、一人でできるだけ交換し後始末ができるように支援する。
- ○認知症等の高齢者に対して、声かけと誘導で食事・水分摂取を支援する。

　上記以外でも、安全を確保しつつ常時介助できる状態で行うもので、利用者が訪問介護員と共に日常生活に関する動作を行うことが、ADL・IADL・QOL向上の観点から、自立支援・重度化防止に資するとしてケアプランに位置づけられたものは、見守り的援助として身体介護で算定できます。

解説　頻回の訪問ができる「20分未満の身体介護」

　訪問介護には、**前後2つの訪問介護サービスの間隔が2時間未満の場合は2つのサービスの所要時間を合算する**という「2時間ルール」があります（緊急時訪問介護加算を算定する場合又は看取り期の利用者に提供する場合を除く）。

　しかし、次の要件をすべて満たしていれば、同日に複数回の「20分未満の身体介護」を提供する場合、サービスの間隔が2時間未満であっても、所要時間を合算して1回とせずに、それぞれ算定することができます。

　この場合、1ケ月当たりの訪問介護費は、定期巡回・随時対応型訪問介護看護費（Ⅰ）（訪問看護サービスを行わない場合）の利用者の要介護度に対応する単位数が限度となります。

○事業所の体制

- □ 24時間体制で、利用者・家族等から電話等による連絡に常時対応できる
- □ 訪問介護事業者が次のいずれかに該当している
    - a　定期巡回・随時対応型訪問介護看護の指定を受け、かつ一体的に事業を運営している
    - b　定期巡回・随時対応型訪問介護看護事業者の指定を併せて受ける計画を策定している（要介護3〜5の利用者にサービス提供を行う事業所に限る）
- □ 上記の体制について「介護給付費算定に係る体制等状況」届を提出している

○利用者

- □ 次のいずれかに該当している
    - a　要介護1・2かつ「認知症高齢者の日常生活自立度判定基準」のランクⅡ、Ⅲ、Ⅳ、Mに該当
    - b　要介護3〜5かつ「障害高齢者の日常生活自立度（寝たきり度）判定基準」のランクB〜Cに該当
- □ サービス担当者会議[※]で、1週間のうち5日以上、頻回の訪問を含む20分未満の身体介護の提供が必要と判断された者

※サービス担当者会議は、訪問介護サービスの提供月の前3ヶ月の間に1回以上開催されており、サービス提供責任者が参加している必要がある。

2 減算

(1) 同一建物減算

① 同一敷地内建物等	訪問介護費から10%減算
② 同一の建物に20人以上居住する建物	
③ 同一敷地内建物等に50人以上居住する建物	訪問介護費から15%減算
④ 同一敷地内建物等の居住者への提供割合が90％以上	訪問介護費から12%減算

　同一建物等の居住者にサービスを行う場合は、**訪問介護費から10％〜15％が減算**されます。

〈チェック事項〉

1 減算になる場合（同一敷地内建物等の居住者）※49人以下の場合

利用者が、次のいずれかに該当する建物（同一敷地内建物等）の居住者の場合に減算

- a 事業所と同一の建物
- b 事業所のある建物と同一敷地内又は隣接する敷地内の建物

2 減算になる場合（同一の建物に20人以上居住する建物の居住者）

利用者が、次のいずれにも該当する建物（同一の建物に20人以上居住する建物）の居住者の場合に減算

- a 上記 1 の「同一敷地内建物等」に該当しない建物
- b 1ケ月当たりの利用者が20人以上居住している建物

1 減算になる場合（同一敷地内建物等の居住者）

● 同一敷地内建物等とは、次の建物をいいます。
- a 訪問介護事業所と構造上又は外形上、**一体的な建築物**
  建物の1階に訪問介護事業所がある場合や、建物と訪問介護事業所が渡り廊下でつながっている場合などで、建物は有料老人ホーム等に限らず、すべての建物が対象です。

- b 訪問介護事業所と同一の敷地内又は隣接する敷地にある建築物のうち**効率的なサービス提供が可能なもの**

    訪問介護事業所と同じ敷地内にある別棟の建物や、訪問介護事業所と幅の狭い道路を挟んで隣接する場合などが該当します。

- その建物の管理、運営法人が訪問介護事業所の指定訪問介護事業者と異なる場合でも該当します。
- 本減算は、効率的なサービス提供ができるかどうかがポイントになるため、次のような建物であれば減算の対象になりません。

    ➡ 同じ敷地内でも広大な敷地に複数の建物が点在する場合

    ➡ 隣接する敷地でも、道路や河川等に敷地が隔てられて、横断するために迂回しなければならない場合

- なお、**1**の対象となるのは、居住者が 49 人以下の場合です。50 人以上の場合は**3**の対象となります。

2 減算になる場合(同一の建物に 20 人以上居住する建物の居住者)

- 「利用者が同一の建物に 20 人以上居住する建物」とは、**1**の同一敷地内建物等**以外**のすべての建物を指し、その建物に訪問介護事業所の利用者が 20 人以上居住する場合に該当します。この場合、同一敷地内にある別棟の建物や道路を挟んで隣接する建物の利用者数は合算しません。
- 利用者数は、1 ケ月間の利用者数の平均を用います。1 ケ月間の利用者数の平均は、その月の 1 日ごとの建物に居住する利用者の合計を、その月の日数で割った値とします(小数点以下切り捨て)。

> **当該月の 1 日ごとの建物居住利用者の合計÷当該月の日数**

> **注意!** ▶ 利用者数のカウントは契約者数で!
>
> 利用者数は、その日ごとのサービスの利用者人数ではなくその日ごとの**サービスの契約者数**で計算します。サービスの契約者数は、その月に 1 度でもサービスを利用していれば日々 1 人でカウントします。契約していても、入院等でその月にサービスを利用していない場合は、日々のカウントに含めません。これは、賃貸住宅などでは月の途中での入退室が起こるため、1 日ごとの利用者数を合計して月の日数で割る方法をとるものです。

- 訪問介護事業所が総合事業の第1号訪問事業（現行相当サービス※）と一体的に運営している場合は、第1号訪問事業の利用者を数に含めて計算します。
  ※旧介護予防訪問介護に相当するサービスに限る
- その建物の管理、運営法人が訪問介護事業所の指定訪問介護事業者と異なる場合でも該当します。

〈チェック事項〉

3 減算になる場合（同一敷地内建物等に50人以上居住する建物）

利用者が、次のいずれにも該当する建物の居住者の場合に減算
① 1（76頁）の「同一敷地内建物等」に該当する建物
② 1ケ月当たりの利用者が50人以上居住している建物

4 減算になる場合（同一敷地内建物等の居住者への提供割合が90％以上） ※49人以下の場合

次のいずれにも該当する場合に減算
a 1（76頁）の「同一敷地内建物等」に該当する建物
b 正当な理由なく、同一敷地内建物等の居住者への前6ケ月間のサービス提供割合が90％以上

3 減算になる場合（同一敷地内建物等に50人以上居住する建物）

- 1（76頁）の同一敷地内建物等のうち、その同一敷地内建物等における訪問介護事業所の利用者が50人以上居住する建物の利用者全員に適用されます。
- 利用者数は、1ケ月間（暦月）の利用者数の平均を用います。1ケ月間の利用者数の平均は、その月の1日ごとの建物に居住する利用者の合計を、その月の日数で割った値とします（小数点以下切り捨て）。

> 当該月の1日ごとの建物居住利用者の合計÷当該月の日数

- 訪問介護事業所が総合事業の第1号訪問事業（現行相当サービス※）と一体的に運営している場合は、第1号訪問事業の利用者を数に含めて計算します。
  ※旧介護予防訪問介護に相当するサービスに限る
- その建物の管理、運営法人が訪問介護事業所の指定訪問介護事業者と異なる場合でも該当します。

4 減算になる場合（同一敷地内建物等の居住者への提供割合が90％以上）

- 正当な理由なく、前6ケ月に提供したサービスの提供総数のうち、同一敷地内建物等の居住者への提供割合が90％以上である場合（居住者が49人以下の場合が該当。50人以上の場合は **3** の対象）が該当します。
    - ➡ 提供割合の算出については「解説　同一敷地内建物等の居住者への提供割合」80頁を参照
- 減算の対象となる利用者は、その建物に居住する利用者のみです。
- 同一敷地内建物等の居住者への提供割合が90％であることに「正当な理由」がある場合は、その理由を都道府県知事に提出し、認められれば減算は適用されません。
    - ➡ 「正当な理由」の範囲については「解説　同一敷地内建物等の居住者への提供割合」80頁を参照

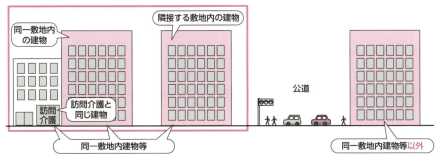

解説　同一敷地内建物等の居住者への提供割合

○減算の判定方法

　減算となるのは、事業所ごとに、判定期間（6ヶ月間）に訪問介護を提供した利用者のうち、同一敷地内建物等の居住者の割合が90％以上である場合です。具体的には、事業所ごとに次の計算式により計算した結果が0.9以上であれば減算となります。

【計算式】

$$\frac{\text{判定期間}^{※1}\text{に訪問介護を提供した利用者のうち同一敷地内建物等に居住する利用者数}^{※2}\text{（利用実人員）}}{\text{判定期間に訪問介護を提供した利用者数（利用実人員）}} \geq 0.9$$

※1　判定期間：前期は3月1日～8月31日、後期は9月1日～2月末日
※2　1ケ月当たりの利用者が同一敷地内建物等に50人以上居住する建物に居住する利用者を除く

○減算の適用

　上記の計算式により計算した結果が0.9以上になる場合は、次の減算適用期間において、同一敷地内建物等に居住する利用者に提供される訪問介護のすべてについて減算が適用されます。

①判定期間が前期（3月1日～8月31日）の場合
　→　減算適用期間は10月1日～3月31日

	3月	4月	5月	6月	7月	8月	9月	10月	11月	12月	1月	2月	3月
前期	判定期間							届出提出	減算適用				

②判定期間が後期（9月1日～2月末日）の場合
　→減算適用期間は4月1日～9月30日

	9月	10月	11月	12月	1月	2月	3月	4月	5月	6月	7月	8月	9月
後期	判定期間							届出提出	減算適用				

> **ポイント** 令和6年度の判定期間と減算適用期間
>
> 令和6年度の判定期間・減算適用期間は以下の通りになります。
> 　前期：判定期間　令和6年4月1日～令和6年9月30日
> 　　→　減算適用期間　令和6年11月1日～令和7年3月31日
> 　後期：判定期間　令和6年10月1日～令和7年2月末日
> 　　→　減算適用期間　令和7年4月1日～9月30日
>
> （令和6年度の取扱い）
>
> | 令和6年度 | 4月 | 5月 | 6月 | 7月 | 8月 | 9月 | 10月 | 11月 | 12月 | 1月 | 2月 | 3月 | 令和7年度 4月～9月末 |
> |---|---|---|---|---|---|---|---|---|---|---|---|---|---|
> | 前期 | | 判定期間 | | | | | 届出提出 | 減算適用 | | | | | |
> | 後期 | | | | | | | | 判定期間 | | | | 届出提出 | 減算適用 |

○正当な理由の範囲

同一敷地内建物等の居住者への提供割合が90%であることの「正当な理由」として例示されているものは、次の通りです。

①　特別地域訪問介護加算を受けている事業所である場合

②　判定期間の1ケ月当たりの延べ訪問回数が200回以下であるなど事業所が小規模である場合

③　その他正当な理由と都道府県知事が認めた場合

● 通常の事業の実施地域内において、同一敷地内建物等以外に居住する要介護高齢者が少数であり、これによって同一敷地内建物等に居住する利用者の割合が90%以上となった場合は、正当な理由とみなされます。ただし、通常の事業の実施地域の範囲が適正かどうかも含め、同一敷地内建物等以外に居住する要介護高齢者にも訪問介護の提供に努めているか確認が必要です。

● ケアマネジャーからの紹介があった時点で、すでに同一敷地内建物等に居住する利用者であることが多い場合は、単にケアマネジャーから地域の要介護者の紹介がないことを理由として、同一敷地内建物等に居住する利用者の割合が90%以上となったとしても、正当な理由には該当しません。

● 中山間地域等に居住する者へのサービス提供加算を算定する場合は、正当な理由には該当しません。

（2）高齢者虐待防止措置未実施減算

　高齢者虐待防止措置未実施減算は、虐待の発生等を防止する措置を講じていない場合に、所定単位数の1％を減算します。

〈チェック事項〉

1 高齢者の虐待の発生等を防止する措置

- ☐ 虐待防止のための対策を検討する委員会を定期的に開催しているか
- ☐ 事業所における虐待防止のための指針を整備しているか
- ☐ 虐待防止のための研修を定期的に実施しているか
- ☐ 上記を適切に実施するための担当者を置いているか

1 高齢者の虐待の発生等を防止する措置

- 虐待の発生又はその再発を防止するための措置のうち、**ひとつでも行われていない場合は、減算**となります。
- 上記の措置を講じていない場合、速やかに改善計画を都道府県知事に提出します。さらに、その事実が生じた月から3ケ月後に、改善計画に基づく改善状況を都道府県知事に報告する必要があります。
- その事実が生じた月の翌月から改善が認められた月までの間、利用者全員について所定単位数から減算することになります。

ポイント 小規模事業所は積極的に外部機関等を活用しよう！

　事業所規模の大小に関わりなく、虐待防止委員会と研修を定期的に実施する必要があります。小規模事業所の場合は、積極的に外部機関等を活用しましょう。例えば、虐待防止委員会は、法人内の複数事業所による合同開催、感染症対策委員会など他委員会との合同開催、関係機関等の協力を得て開催するなどが可能です。

　研修も同様に法人内の複数事業所や他委員会との合同開催、都道府県や市町村等が実施する研修会への参加、複数の小規模事業所による外部講師を活用した合同開催等が考えられます。

　なお、虐待防止委員会や研修を合同で開催する場合には、参加した各事業所の従事者と実施した内容等を記録してください。

ポイント 運営指導で発覚した場合

　運営指導で虐待発生等の防止措置の未実施が発覚した場合には、過去に遡及して当該減算を適用することはできず、発見した日の属する月が「事実が生じた月」となります。この場合、改善計画の提出の有無にかかわらず、事実が生じた月の翌月から減算が適用されます。減算は、施設・事業所から改善計画が提出されて、事実が生じた月から3ケ月以降に改善計画に基づく改善が認められた月まで継続されます。

（3）業務継続計画未策定減算

業務継続計画未策定減算は、業務継続計画を策定していない場合に、所定単位数の1％を減算します。令和7年4月1日から適用されます。

〈チェック事項〉

1 業務継続計画の策定

☐ 感染症および災害発生時における業務継続計画（BCP）の策定しているか

1 業務継続計画の策定

- 感染症あるいは災害発生時のどちらか、又は両方の業務継続計画が未策定の場合、基本報酬が減算されます。なお、BCPの周知、研修、訓練、見直しの未実施については、減算の対象にはなりません。
  → 研修等については、第1章「ポイント　業務継続計画（BCP）の研修と訓練」31頁を参照
- 業務継続計画が策定されていない場合、その事実が生じた翌月（事実が生じた日が月の初日の場合はその月）から、未策定の状況が解消された月まで、事業所の利用者全員について所定単位数から減算されます。
- 経過措置として、令和7年3月31日までの間、「感染症の予防及びまん延の防止のための指針」及び「非常災害に関する具体的計画」を策定している場合は、本減算が適用されません。

> **ポイント ▶ 運営指導で発覚した場合**
>
> 　運営指導で業務継続計画の未策定が発覚した場合には、「基準を満たさない事実が生じた時点」まで遡って減算が適用されます。例えば、令和7年10月の運営指導において業務継続計画の未策定が判明した場合は、令和7年4月から減算の対象となります。

2 減算 （3）業務継続計画未策定減算

> **注意！** 策定の義務化は令和6年4月から！
>
> 　経過措置により本減算の適用は令和7年4月1日からですが、令和7年3月31日までの間は減算にならないという規定はあくまでも介護報酬の算定要件です。運営基準では令和6年4月から策定が義務化されています。そのため、運営指導等において、業務継続計画の未策定が判明した場合でも経過措置の期間は減算にはなりませんが、**運営基準違反に該当する**ために指導対象となります。減算の有無にかかわらず、早期の策定が求められます。

3 加算

(1) 身体介護に引き続き生活援助を行った場合
　　（生活援助加算）

　身体介護を行った後に引き続き生活援助を行うなど、一連のサービスの中に身体介護と生活援助（20分以上）が含まれる場合は、身体介護の所定単位数に、生活援助の所要時間が20分から計算して**25分ごとに65単位**を加算して算定します（195単位が限度）。

〈チェック事項〉

1　身体介護と生活援助が混在する場合

☐ 20分未満の身体介護に引き続いて生活援助を加算していないか
☐ 身体介護の一連の流れを細かく区分して生活援助としていないか

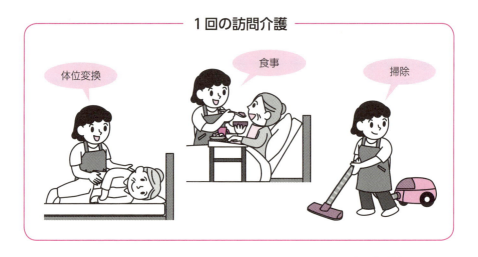

1 身体介護と生活援助が混在する場合

- 1回の訪問介護において身体介護と生活援助が混在する場合は、身体介護の単位数に、上記の生活援助の単位数を加算する方式での算定になります。
- 「身体介護」に該当する行為がどの程度含まれるかを基準に、「身体介護」と「生活援助」の単位数を組み合わせて算定します。

> 【例】
> 寝たきりの利用者の体位変換をしながらベッドを整え、体を支えながら水差しで水分補給を行い、安楽な姿勢をとってもらった後、居室の掃除を行う場合。
> 〔具体的な取扱い〕
> 「身体介護」に当たる行為がどの程度含まれるかを基準に次のどちらかの組み合わせで算定します。
> - 身体介護中心型 20 分以上 30 分未満（244 単位） ＋ 生活援助加算 45 分（130 単位）
> - 身体介護中心型 30 分以上 1 時間未満（387 単位） ＋ 生活援助加算 20 分（65 単位）

- 算定の形式は「身体介護＋生活援助」になりますが、実際のサービス提供の際には、身体介護の後に引き続き生活援助を行う場合に限らず、生活援助の後に身体介護を行っても構いません。
- 身体介護のサービス行為の一連の流れを細かく区分しないよう注意します。例えば、「食事介助」の一連の流れに配下膳が含まれている場合に、この配下膳だけを別にして「生活援助」として取り扱わないようにします。
- 20 分未満の身体介護に引き続き生活援助を行う場合は、緊急時訪問介護加算を除いて、生活援助の加算を算定できません。
- 加算できる生活援助は 70 分（195 単位）が限度になります。

(2) 2人の訪問介護員等による場合

利用者の身体の理由等により、1人の利用者に対して同時に2人の訪問介護員が訪問介護サービスを提供した場合は、所定単位数の2倍で算定します。

〈チェック事項〉

1 利用者等の同意

☐ 2人の訪問介護員により訪問介護を行うことについて、利用者又は家族等の同意を得ている

2 2人の訪問介護員の必要性

☐ 利用者が次のいずれかに該当している
 a 利用者の身体的な理由により、1人の訪問介護員での介護が困難である
 b 利用者に暴力行為、著しい迷惑行為、器物破損行為等がある
 c 利用者の状況等から判断して、上記a・bに準ずる状態である
☐ 1人の利用者に対して、同時に2人が介護サービスを提供しているか
☐ 通院等乗降介助に該当するサービスで算定していないか

1 利用者等の同意

● 加算の算定に当たっては、**事前に利用者又は家族等の同意が必要**です。

2 2人の訪問介護員の必要性

● aに該当するのは、体重が重い利用者に入浴介助等を行う、エレベーターのない建物の2階以上の部屋から歩行困難な利用者を外出させる場合などです。このような「1人の訪問介護員では介護が困難」な状況になく、**単なる安全確保のために2人で行うような場合は、原則として算定できません。**
● 同時に訪問介護員2人で訪問介護サービスを行うことが必要でも、2人が交代でサービスを提供する場合は含まれません。
 ➡ 訪問介護員が交代でサービスを提供する場合は、「1 訪問介護費」の「4 算定する時間」68頁を参照
● この加算は通院等乗降介助では算定できません。

(3) 夜間早朝・深夜の場合

　ケアプラン又は訪問介護計画で、訪問介護のサービス開始時刻が早朝・夜間・深夜の時間帯にある場合には、1回につき、次表の単位を加算します。

早朝	午前6時から午前8時	所定単位数の25%
夜間	午後6時から午後10時	所定単位数の25%
深夜	午後10時から午前6時	所定単位数の50%

〈チェック事項〉

1 計画上の位置づけ

☐ ケアプラン又は訪問介護計画に、訪問介護のサービス開始時刻が早朝・夜間・深夜の時間帯に位置づけられているか

2 サービスを提供する時間

☐ 訪問介護サービスの提供開始時間が次のいずれかに該当しているか
　a 早朝→午前6時から午前8時
　b 夜間→午後6時から午後10時
　c 深夜→午後10時から午前6時

☐ 全体のサービス提供時間のうち、早朝・夜間・深夜の時間帯が占める割合がわずかになっていないか

1 計画上の位置づけ

● ケアプラン又は訪問介護計画において、訪問介護サービスの開始時刻が加算対象の時間帯にある場合に算定ができます。計画上は午後5時開始であるのに、たまたまその時の状況で午後6時から開始になった場合は算定できません。

2 サービスを提供する時間

● 加算対象時間帯のサービス提供時間について、サービス提供時間全体に占める割合がごくわずかな場合は算定できません。

(4) 特定事業所加算

　この加算は、中重度の要介護者を重点的に受け入れるとともに、人員基準を上回る常勤のサービス提供責任者や、有資格者の訪問介護員を配置するなど専門性の高い人材を確保している事業所について評価するものです。

特定事業所加算（Ⅰ）	所定単位数の20％
特定事業所加算（Ⅱ）	所定単位数の10％
特定事業所加算（Ⅲ）	所定単位数の10％
特定事業所加算（Ⅳ）	所定単位数の3％
特定事業所加算（Ⅴ）	所定単位数の3％

※特定事業所加算（Ⅰ）～（Ⅳ）と特定事業所加算（Ⅴ）を同時に算定することはできますが、それ以外の各加算の併算定はできません。

○特定事業所加算（Ⅰ）〈チェック事項〉

☐ 要件のうち、**1**～**5**と**7**、**8**を満たした上で、**9**又は**10**のいずれかを満たしているか

1 計画的な研修の実施

☐ 訪問介護員等、サービス提供責任者ごとに研修計画を作成し、計画に従って研修を実施しているか

2 会議の定期的開催

☐ 利用者情報やサービス提供上の留意事項の伝達、訪問介護員等への技術指導を目的とした会議を月1回以上開催しているか
☐ サービス提供に当たるすべての訪問介護員が会議に参加しているか
☐ 会議の議事録を作成し、保管しているか

1 計画的な研修の実施

- サービス従事者の資質向上のための研修内容の全体像と研修を実施するための勤務体制を定め、**訪問介護員等、サービス提供責任者**ごとに、個別具体的な研修の目標、内容、研修期間、実施時期等を定めた**研修計画を策定します**。

2 会議の定期的開催

- 会議を定期的に開催することが加算の要件ですが、おおむね1ケ月に1回以上開催されていなければなりません。
- 会議はサービス提供責任者が主宰し、登録ヘルパーも含めてサービス提供に当たるすべての訪問介護員等の参加が要件ですが、全員が一堂に会して開催する必要はなく、グループ別の会議でも構いません。
- 会議の開催状況については、その概要を議事録に記録して、保管します。
- 会議は、テレビ電話装置等（リアルタイムでの画像を介したコミュニケーションが可能な機器）を活用して行うことができます。この際、個人情報保護委員会・厚生労働省「医療・介護関係事業者における個人情報の適切な取扱いのためのガイダンス」、厚生労働省「医療情報システムの安全管理に関するガイドライン」等を遵守します。

特定事業所加算（Ⅰ）に必要な配置

訪問介護員	サービス提供責任者	管理者
2.5人	利用者40人に対して1人※	1人

- 前年度又は届出月の前3ケ月の訪問介護員等総数に対して、次のいずれかに該当
  a 介護福祉士30％以上
  b 有資格者50％以上

- 全サービス提供責任者について、次のいずれかに該当
  a 実務経験3年以上の介護福祉士
  b 実務経験5年以上の有資格者
- 2人以上のサービス提供責任者の配置が必要な場合は、**2人以上が常勤**

※特例の場合、50人に対して1人

〈チェック事項〉

3 文書等による指示・サービス提供後の報告

☐ サービス提供に当たって、サービス提供責任者から訪問介護員に利用者情報やサービス提供時の留意事項が伝えられているか
☐ サービス提供終了後に、訪問介護員がサービス提供責任者に文書等により報告しているか

4 定期健康診断の実施

☐ すべての訪問介護員等に対して1年に1回以上、健康診断を行っているか
☐ 健康診断の実施状況について、健診受診記録等で確認できるか

5 緊急時における対応方法の明示

☐ 緊急時等における対応方法が重要事項説明書等に記載されているか

3 文書等による指示・サービス提供後の報告

- サービス提供責任者は、利用者情報やサービス提供時の留意事項を文書等の確実な方法で訪問介護員に伝えます。
- 利用者情報やサービス提供時の留意事項は、利用者に関する情報として少なくとも次の事項について、その変化や動向について記載します。
  > 利用者のADLや意欲／利用者の主な訴えやサービス提供時の特段の要望／家族を含む環境／前回のサービス提供時の状況／その他のサービス提供に当たって必要な情報
- 伝達方法は、直接面接しながら文書を渡すほか、FAXやメール等でも可能です。
- 訪問介護員等から適宜受けるサービス提供終了後の報告内容は、サービス提供責任者が文書（電子データも含む）で記録を保存しなければなりません。

4 定期健康診断の実施

- 定期的に健康診断を実施することが加算の要件ですが、少なくとも**1年以内に1回、事業主の費用負担ですべての訪問介護員等に健康診断を実施**しなければなりません。

> **注意！** 定期健康診断は、非常勤も含めたすべての訪問介護員に！
>
> 健康診断を実施する訪問介護員等には、労働安全衛生法により定期に一般健康診断を実施することが義務づけられた「常時使用する労働者」に該当しない登録ヘルパーなどの非常勤の訪問介護員等も含まれます。

5 緊急時における対応方法の明示

- 事業所における緊急時の対応方法について利用者に明示する必要があります。具体的には、事業所における緊急時等の対応方針、緊急時の連絡先、対応可能時間等を記載した重要事項説明書等の文書を利用者に交付し、説明を行います。

〈チェック事項〉

> **6 看取り期の利用者への対応体制**
>
> ☐ 病院、診療所又は訪問看護ステーションの看護師と連携して、24時間連絡できる体制を確保しているか
> ☐ 必要に応じて訪問介護を行うことができる体制を整備しているか
> ☐ 多職種で協議の上で看取り期における対応方針の策定をしているか
> ☐ 看取りに関する職員研修の実施等を行っているか

6 看取り期の利用者への対応体制

- 「24時間連絡ができる体制」とは夜間においても訪問介護事業所から連携先に連絡できて、必要な場合に事業所からの緊急の呼び出しに応じて出勤できる体制のことで、具体的には以下の3点の整備が必要です。

  a 管理者を中心として、連携先の訪問看護ステーション等と夜間における連絡・対応体制に関する取り決めがなされていること
  緊急時の注意事項や利用者の病状等についての情報共有の方法等を含む

  b 管理者を中心として、訪問介護員等による利用者の観察項目の標準化がなされていること

  c 事業所内研修等を通じ、訪問介護員等に対して、a及びbの内容が周知されていること

- 看取り期には、多職種間での情報共有や利用者・家族の希望に応じた説明の場において、介護記録など利用者の記録を活用することが想定されています。利用者にこれらの記録を見せたり、提供したりする際に、利用者またはその家族の理解を支援する目的で、補完的に理解しやすい資料を作成して、これを用いて説明することも差し支えありません。その際、介護記録等の開示または写しの提供を利用者またはその家族が求める場合には、提供することが必要です。

> **ポイント** 協議の実施方法
>
> 　看取り期における対応方針は、管理者を中心として、介護職員、看護職員、ケアマネジャー等による協議の上定められますが、協議を行うことが想定される者として医師も含まれます。
> 　また、看取り期における対応方針の「協議」については、必ずしもカンファレンスなどの会議の場により行われる必要はありません。例えば、通常の業務の中で、主治医や看護師、ケアマネジャー等の意見を把握して、これに基づき対応方針の策定が行われていれば、本加算の算定要件を満たします。

〈チェック事項〉

7 訪問介護員等要件

☐ 前年度又は届出月の前3ケ月の訪問介護員等総数に対して、次のいずれかの割合の職員配置になっているか
- a 介護福祉士の数が30％以上
- b 次の有資格者の数が50％以上
  介護福祉士／実務者研修修了者／介護職員基礎研修課程修了者／訪問介護員（ホームヘルパー）1級課程修了者

☐ 上記の有資格者の割合について毎月、記録しているか

8 サービス提供責任者要件①

☐ すべてのサービス提供責任者について、次のいずれかに該当する者が配置されているか
- a 実務経験3年以上の介護福祉士
- b 実務経験5年以上の次のいずれかの有資格者
  実務者研修修了者／介護職員基礎研修課程修了者／訪問介護員（ホームヘルパー）1級課程修了者

☐ 1人を超えるサービス提供責任者の配置が必要な事業所の場合は、常勤で2人以上配置されているか

7 訪問介護員等要件

- 介護福祉士等の有資格者の割合は、前年度※又は届出月の前3ケ月における1ケ月当たりの実績の平均を、常勤換算方法で計算した人数を用いて算出します。ただし、生活援助従事者研修修了者については×0.5で計算します。
  ※3月を除く4～2月の11ケ月の期間
- 介護福祉士等の有資格者については、各月の前月の末日時点で資格を取得しているか、研修課程を修了している必要があります。

8 サービス提供責任者要件①

- サービス提供責任者の「実務経験」は、サービス提供責任者としての従事期間ではなく、介護関係の業務（在宅・施設のどちらでもよい）に従事した期間です。資格取得又は研修修了前の従事期間も含めます。
- 人員基準上、2人以上のサービス提供責任者の配置が義務づけられている事業所では、**常勤のサービス提供責任者を2人以上**配置しなければなりません。

〈チェック事項〉

9 重度要介護者等対応要件

☐ 前年度又は算定月の前3ケ月の利用者総数のうち、次の利用者の割合が20%以上か
要介護4・5の利用者／日常生活自立度Ⅲ以上の利用者／たん吸引等の行為を必要とする利用者
☐ 上記の利用者の割合について毎月記録しているか

10 看取り期の対応実績

☐ 前年度又は算定月の前3ケ月に看取り期の利用者への対応実績が1人以上であるか
☐ 前記 6 の要件に該当しているか

9 重度要介護者等対応要件

- 要介護4・5の利用者、及び日常生活に支障を来すおそれのある症状や行動があるために介護を必要とする認知症の利用者[※1]の割合は、前年度[※2]又は算定月の前3ケ月における1ケ月当たりの実績の平均について、利用実人員を用いて算定します。この場合、利用回数を用いて計算しても構いません。

  ※1　日常生活自立度のランクⅢ、Ⅳ、Mに該当する利用者
  ※2　3月を除く4〜2月の11ケ月の期間

  ➡「解説　重度要介護者の利用者の割合」106頁を参照

- 喀痰吸引等の事業者登録を受けている場合は、喀痰吸引等が必要な利用者も上記の割合に含めます。

> **注意！** 有資格者の職員・重度要介護の利用者の割合に注意！
>
> 7の有資格者の職員、9の重度要介護者の利用者の割合について、前年度実績が6ケ月未満の事業所は前年度実績による加算の届出はできません。また、前3ケ月の実績で届出を行った事業所は、届出月以降も直近3ケ月間の有資格者の職員又は重度要介護の利用者の割合について、**継続的に所定の割合を維持する必要があります**。その割合を毎月記録し、所定の割合を下回った場合は、加算要件を満たさなくなった旨の届出を提出します。

○特定事業所加算（Ⅱ）〈チェック事項〉

☐ 特定事業所加算（Ⅰ）の要件のうち、**1**～**5**を満たした上で、**7**又は**8**のいずれかを満たしているか

○特定事業所加算（Ⅲ）〈チェック事項〉

☐ 特定事業所加算（Ⅰ）の要件のうち、**1**～**5**を満たした上で、**9**又は**10**のいずれか、及び**11**又は**12**のいずれかを満たしているか

11 サービス提供責任者要件②

☐ 2人以上のサービス提供責任者の配置が必要な事業所で、サービス提供責任者を常勤で配置しているか
☐ 配置基準を上回る常勤のサービス提供責任者を1人以上配置しているか

12 勤続年数要件

☐ 訪問介護員の総数のうち、勤続年数7年以上の者の占める割合が30％以上か

○特定事業所加算（Ⅳ）〈チェック事項〉

☐ 特定事業所加算（Ⅰ）の要件のうち、**1**～**5**を満たした上で、**11**又は**12**のいずれかを満たしているか

3 加算 (4) 特定事業所加算

算定要件	特定事業所加算				
	Ⅰ	Ⅱ	Ⅲ	Ⅳ	Ⅴ
1 計画的な研修の実施	◎	◎	◎	◎	◎
2 会議の定期的開催	◎	◎	◎	◎	◎
3 文書等による指示・サービス提供後の報告	◎	◎	◎	◎	◎
4 定期健康診断の実施	◎	◎	◎	◎	◎
5 緊急時における対応方法の明示	◎	◎	◎	◎	◎
6 看取り期の利用者への対応体制	○※		○※		
7 訪問介護員等要件	◎	○			
8 サービス提供責任者要件①	◎				
9 重度要介護者等対応要件	○※		○※		
10 看取り期の対応実績					
11 サービス提供責任者要件②			○	○	
12 勤続年数要件					
13 中山間地域等に居住する者への継続サービス提供					◎
14 利用者の心身の状況や家族等環境の変化での計画の見直し					◎

※「◎」は必須要件、「○」はいずれかに該当
※(Ⅰ)・(Ⅲ)の算定時において、10を選択する場合は、6にも該当する必要がある

各区分ごとの算定イメージ

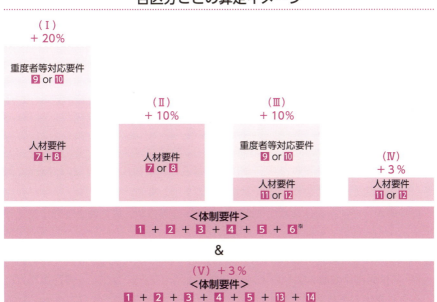

※6は、(Ⅰ)・(Ⅲ)の算定時において、重度者等対応要件の10を選択する場合、満たす必要がある

特定事業所加算（Ⅱ）に必要な配置

訪問介護員 2.5人

サービス提供責任者 利用者40人に対して1人※

管理者 1人

- 前年度又は届出月の前3ケ月の**訪問介護員等総数**に対して、次のいずれかに該当
  a 介護福祉士 30％以上
  b 有資格者 50％以上

どちらかに該当

- **全サービス提供責任者**について、次のいずれかに該当
  a 実務経験3年以上の介護福祉士
  b 実務経験5年以上の有資格者
- 2人以上のサービス提供責任者の配置が必要な場合は、**2人以上が常勤**

※特例の場合、50人に対して1人

特定事業所加算（Ⅳ）に必要な配置

訪問介護員 2.5人

サービス提供責任者 利用者40人に対して1人

管理者 1人

- 訪問介護員の総数のうち**勤続年数7年以上の者**の占める割合が**30％以上**

- 2人以下のサービス提供責任者の配置が必要な場合は、**常勤での配置、かつ配置基準＋1人以上を配置**

どちらかに該当

12 勤続年数要件

- 勤続年数は、各月の前月の末日時点における勤続年数をいいます。例えば、令和3年4月における勤続年数7年以上の者とは、令和3年3月31日時点で同一法人等での勤続年数が7年以上である者を指します。
- 勤続年数は産前産後休業や病気休暇、育児・介護休業、母性健康管理措置としての休業を取得した期間も含めて算出します。
- 勤続年数要件の訪問介護員等の割合は、7の訪問介護員等要件と同様に、前年度※又は届出月の前3ケ月の1月当たりの実績の平均について、常勤換算方法により算出した数を用います。

※3月を除く11ケ月の期間

◯特定事業所加算（Ⅴ）〈チェック事項〉

- ☐ 特定事業所加算（Ⅰ）の要件のうち、**1**〜**5**を満たした上で、**13**と**14**を満たしているか
- ☐ 「特別地域訪問介護加算」、「中山間地域等における小規模事業所加算」、「中山間地域等に居住する者へのサービス提供加算」のいずれかを算定していないか

13 中山間地域等に居住する者への継続サービス提供

- ☐ 通常の事業の実施地域内であって中山間地域等に居住する利用者の利用実績は、前年度又は届出月の前3ケ月に月平均で1人以上であるか
- ☐ 利用者の居宅と事業所の距離が7km以上あるか

14 利用者の心身の状況や家族等環境の変化での計画の見直し

- ☐ 利用者の心身の状況またはその家族等を取り巻く環境の変化に応じて、随時、介護支援専門員、医療関係職種等と共同して訪問介護計画の見直しを行っているか

13 中山間地域等に居住する者への継続サービス提供

● 中山間地域等に居住する利用者への対応実績については、利用実人員を用いて算定します。例えば下記のような場合、前3ケ月の平均値は次のように計算します。

		居住地		特別地域加算等	利用実績		
		中山間地域等	それ以外の地域	(※)の算定状況	1月	2月	3月
1	利用者A	○			○	○	○
2	利用者B		○		○	○	○
3	利用者C	○		○	○	○	○
4	利用者D	○			○	○	
5	利用者E		○		○	○	

(※) 特別地域加算、中山間地域等における小規模事業所加算、中山間地域等に居住する者へのサービス提供加算
(注1) 一体的運営を行っている場合の介護予防訪問介護の利用者に関しては計算には含めない。
(注2) 特別地域加算等の算定を行っている利用者に関しては計算には含めない。

> 中山間地域等に居住する利用者(A、D(特別地域加算等を算定するCを除く))
> 2人(1月)＋2人(2月)＋1人(3月)＝5人
> したがって、3ケ月の対応実績の平均は5人÷3月≒1.6人≧1人
> これによって、対応実績が前3ケ月に月平均で1人以上となります。
> なお、当該実績については、特定の月の実績が1人を下回ったとしても、前年度又は前3ケ月の平均が1人以上であれば、要件を満たす。

ポイント 同一法人等での勤続年数の考え方

　同一法人等での勤続年数は訪問介護員として従事した期間だけで算出するものではありません。例えば、訪問介護員として従事する前に、同一法人等の経営する他の介護サービス事業所、病院、社会福祉施設等においてサービスを利用者に直接提供する職員として勤務していた場合、その期間を含めて算出することができます。

　また、事業所の合併又は別法人による事業の承継の場合で、当該事業所の職員に変更がないなど、事業所が実質的に継続して運営していると認められる場合のほか、同一法人ではないものの、法人の代表者等が同一で、採用や人事異動、研修が一体として行われる等、職員の労務管理を複数法人で一体的に行っている場合も同一法人等に含まれます。

ポイント 多職種協働での訪問介護計画の見直し

　訪問介護事業所における訪問介護計画の見直しは、サービス提供責任者を中心に多職種協働により行われますが、その都度全ての職種が関わらなければならないものではありません。見直しの内容に応じて、適切に関係者がかかわることで足りるものです。また、訪問介護計画の見直しに係る多職種協働は、必ずしもカンファレンスなどの会議の場により行われる必要はありません。通常の業務の中で、主治医や看護師、介護職員等の意見を把握し、これに基づき訪問介護計画の見直しが行われていれば、本加算の算定要件を満たします。また、新たに多職種協働の会議を設けたり書類を作成したりする必要はありません。

解説　重度要介護者の利用者の割合

　特定事業所加算の重度要介護者等対応要件において、重度要介護者の利用者の割合は利用実人員又は利用回数を用いて算出するとされていますが、以下の表のような利用実績の場合、前3ヶ月の平均値は次の①・②のように計算します（前年度の平均値の計算も同様）。

〈計算例〉

　利用者10人、そのうち重度要介護者6人（◎印の利用者）で、それぞれ以下の表の通り利用実績があった場合

	状態像			利用実績		
	要介護度	日常生活自立度	たんの吸引等が必要な者	1月	2月	3月
利用者A	要介護1	—		2回	1回	2回
◎利用者B	要介護1	Ⅲ		4回	0回	4回
利用者C	要介護2	—		4回	3回	4回
利用者D	要介護2			6回	6回	4回
利用者E	要介護2			6回	5回	6回
◎利用者F	要介護3	Ⅲ		8回	6回	6回
◎利用者G	要介護3	—	○	10回	5回	10回
◎利用者H	要介護4	Ⅲ		12回	10回	12回
◎利用者I	要介護5	Ⅱ	○	12回	12回	12回
◎利用者J	要介護5	M	○	15回	15回	15回
重度要介護者等（◎の利用者）合計				61回	48回	59回
合計				79回	63回	75回

(注1) 一体的運営を行っている場合の第1号訪問介護の利用者は計算には含めない。
(注2) 利用者Gについては、たんの吸引等の業務を行うための登録を受けた事業所のみ算定可能。
(注3) 利用者H、I、Jのように、「要介護度4以上」、「日常生活自立度Ⅲ以上」又は「たんの吸引等が必要な者」の複数の要件に該当する場合も重複計上はせず、それぞれ「1人」又は「1回」と計算する。

前3ケ月の平均値の計算

① 利用者の実人員による計算

・総数（利用者Bは2月の利用実績なし）
　10人（1月）＋9人（2月）＋10人（3月）＝29人
・重度要介護者等人数（該当者B，F，G，H，I，J）
　6人（1月）＋5人（2月）＋6人（3月）＝17人
したがって、割合は17人÷29人≒58.6％≧20％

② 訪問回数による計算

・総訪問回数
　79回（1月）＋63回（2月）＋75回（3月）＝217回
・重度要介護者等に対する訪問回数（該当者B，F，G，H，I，J）
　61回（1月）＋48回（2月）＋59回（3月）＝168回
したがって、割合は168回÷217回≒77.4％≧20％

　なお、上記の例は、利用実人員・利用回数ともに要件を満たす場合ですが、実際には①か②のどちらかで所定の割合（20％）を上回っていれば、加算の算定要件を満たすことになります。
　また、この割合については、ある特定の月の割合が20％を下回ったとしても、前年度又は前3ケ月の平均が20％以上になっていれば、要件を満たします。

(5) 特別地域訪問介護加算

特別地域訪問介護加算は、厚生労働大臣が定める地域にある訪問介護事業所(サテライト事業所の場合を含む)の訪問介護員が訪問介護を提供した場合、1回につき所定単位数の15%を加算するものです。

〈チェック事項〉

1 特別地域

☐ 厚生労働大臣が定める地域に該当しているか
☐ 該当地域は、事業所の所在地で判断しているか

2 他加算との関係

☐ 特定事業所加算(Ⅴ)を算定していないか

1 特別地域

- 訪問介護事業所の所在地が、下記のいずれかに当てはまる場合には、特別地域訪問介護加算を算定することができます。
  a　離島振興対策実施地域
  b　奄美群島
  c　振興山村
  d　小笠原諸島
  e　沖縄の離島
  f　次の地域のうち、厚生労働大臣が別に定めるもの
  　　豪雪地帯及び特別豪雪地帯、辺地、過疎地域、その他の地域
- 利用者の居住地ではなく、**事業所の所在地により加算の可否を判断します。**利用者の居住地は問いません。
- 本加算の算定に当たっては、都道府県等に「介護給付費算定に係る体制等状況」届の提出が必要です。

特別地域訪問介護加算

(6) 中山間地域等における小規模事業所加算

　中山間地域等に所在する小規模事業所（サテライト事業所を含む）に対して、所定単位数の10％を加算するものです。

〈チェック事項〉

1 中山間地域
☐ 訪問介護事業所の所在地が厚生労働大臣が定める中山間地域に該当しているか

2 小規模事業所
☐ 1ケ月当たりの延訪問回数が200回以下であるか

3 他加算との関係
☐ 特定事業所加算（Ⅴ）を算定していないか

1 中山間地域

- 厚生労働大臣が定める中山間地域とは、次のいずれかに該当する地域になります。中山間地域に該当するかどうかは、市町村に確認するようにしてください。
  - a 豪雪地帯及び特別豪雪地帯
  - b 辺地
  - c 半島振興対策実施地域
  - d 特定農山村地域
  - e 過疎地域

2 小規模事業所

- 延訪問回数とは、**前年度（3月を除く）の1ケ月当たりの平均延訪問回数**のことを指します。
- 新たに開始した事業所など、前年度の実績が6ケ月に満たない事業所は、直近3ケ月間における1ケ月当たりの平均延訪問回数を用います。
- 平均延訪問回数については毎月記録し、所定の回数を上回った場合には、加算の要件を満たさなくなるため、「介護給付費算定に係る体制等状況」届の提出が必要となります。

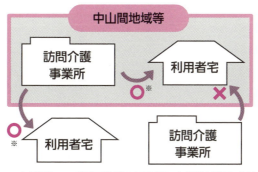

※1ケ月当たりの訪問回数が200回以下の小規模事業所の場合

(7) 中山間地域等に居住する者へのサービス提供加算

　中山間地域等に居住する者に対して、通常の事業の実施地域を超えて訪問介護を行った場合に、1回につき所定単位数の5％を加算するものです。

〈チェック事項〉

1 中山間地域
☐ 利用者の居住する地域が厚生労働大臣が定める中山間地域に該当しているか

2 実施地域
☐ 運営規定に定める「通常の事業の実施地域」の範囲外でのサービス提供か

3 交通費の取扱い
☐ 加算を算定した場合に、交通費を請求していないか

4 他加算との関係
☐ 特定事業所加算（Ⅴ）を算定していないか

1 中山間地域

● 厚生労働大臣が定める中山間地域とは、次のいずれかに該当する地域になります。中山間地域に該当するかどうかは、市町村に確認してください。
  a　離島振興対策実施地域
  b　奄美群島
  c　豪雪地帯及び特別豪雪地帯
  d　辺地

- e　振興山村
- f　小笠原諸島
- g　半島振興対策実施地域
- h　特定農山村地域
- i　過疎地域
- j　沖縄の離島

● サービスを提供する**事業所の所在地に制限はありません**。どこに所在する事業所でも算定は可能です。

2　実施地域

● 運営規程に定めている「通常の事業の実施地域」の範囲内であれば、「中山間地域等」に居住する利用者にサービスを提供した場合でも、本加算を算定することはできません。

3　交通費の取扱い

● 本加算を算定する場合は、利用者から交通費を別途請求することはできません。

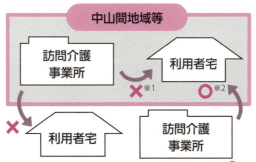

中山間地域等に居住する者へのサービス提供加算

※1 ただし、通常の事業の実施地域を越えている場合は○
※2 通常の事業の実施地域を越えている場合

(8) 緊急時訪問介護加算

　利用者やその家族等からの要請により、ケアプランにない身体介護中心の訪問介護サービスを緊急に行った場合に、1回につき100単位を加算します。
　加算の算定は1回の要請につき1回が限度で、ケアマネジャーが訪問介護サービスを必要と認めた場合にのみ算定が可能です。

〈チェック事項〉

1 利用者やその家族等からの要請

- ☐ 利用者やその家族等からの要請によりサービスを提供しているか
- ☐ 利用者等から要請があった事実をサービス提供記録などに記載しているか
- ☐ 加算の算定は、1回の要請につき1回に限っているか

2 ケアマネジャーとの連携

- ☐ サービス提供責任者とケアマネジャーが連携を図った上で、サービスの必要性が判断されているか
- ☐ 利用者等から要請された日時・時間帯に身体介護中心型の訪問介護を提供する必要があることをケアマネジャーが判断しているか

3 緊急性

- ☐ 提供した訪問介護サービスは、ケアプランに位置づけられていないものか
- ☐ 利用者等の要請から24時間以内に提供しているか

1 利用者やその家族等からの要請

- この加算の算定は、**利用者やその家族等からの要請により訪問介護サービスを提供する**ことが前提となります。要請があった事実を記録に残しておくことが重要です。
- 加算の対象となる訪問介護サービスを提供した場合は、要請のあった時間、要請の内容、訪問介護の提供時刻、緊急時訪問介護加算の算定対象である旨等を記録します。

2 ケアマネジャーとの連携

- やむを得ない事由によって、ケアマネジャーと事前の連携が図れない場合でも、事後にケアマネジャーから必要であったと判断された場合には、加算の算定が可能です。
- 訪問介護の所要時間は、サービス提供責任者とケアマネジャーが連携を図った上で、利用者等の要請内容から、訪問介護に要する標準的な時間をケアマネジャーが判断します。この場合、**2時間ルールは適用されません**。また、20分未満の身体介護に引き続き生活援助を行う場合の加算（生活援助加算）の算定も可能です。
- 提供する訪問介護サービスは、身体介護中心型に限ります。

3 緊急性

- 提供する訪問介護サービスは、あらかじめケアプランに位置づけられたサービス提供以外の時間帯に行われていなければなりません。

(9) 初回加算

　初回加算は、新たに訪問介護計画を作成した利用者に対して、サービス提供責任者が、初回もしくは初回と同月に訪問介護を行った場合、又は他の訪問介護員の訪問に同行した場合に、1月につき200単位算定するものです。

〈チェック事項〉

1 対象となる利用者

- ☐ 新規に訪問介護計画を作成した利用者か
- ☐ 過去2ケ月の間に、当該訪問介護事業所から訪問介護サービスの提供を受けていない利用者であるか

2 サービスの提供

- ☐ サービス提供責任者がサービスを提供又はサービス提供に同行したか
- ☐ サービス提供責任者が訪問介護員に同行した場合、サービス提供記録にその旨を記録しているか

1 対象となる利用者

- 初回加算は、利用者が過去2ケ月の間に、訪問介護事業所から訪問介護の提供を受けていない場合に算定されます。
- **過去2ケ月間とは、月の初日から月の末日まで**を指します。例えば、4月15日に訪問介護を行った場合には、同年の2月1日以降に訪問介護の提供を受けていない利用者であれば、初回加算の算定が可能です。

2 サービスの提供

- 初回の訪問介護時又は初回の訪問介護を行った日と同月に、サービス提供責任者自らがサービスを提供するか、又は介護サービスを提供する訪問介護員に同行した場合に算定が可能です。

> **ポイント** ▶ **サービス提供責任者はサービスが終わるまで滞在しなくて OK**
>
> サービス提供責任者が同行訪問する場合、**サービス提供時間を通じて滞在することは必ずしも必要ではありません**。利用者の状況を確認した上で、サービス提供の途中で現場を離れた場合でも、初回加算の算定は可能です。

(10) 生活機能向上連携加算

　生活機能向上連携加算は、サービス提供責任者が、外部の理学療法士等と連携して訪問介護計画を作成し、これに基づいて訪問介護を行った場合に算定されます。多職種との連携の程度によって、2つの区分が設けられています。

○生活機能向上連携加算（Ⅰ）　100単位
　サービス提供責任者が、外部の理学療法士等からの助言に基づき、生活機能の向上を目的とした訪問介護計画を作成（変更）し、これに基づいて訪問介護を行った場合に、初回の訪問介護を行った月に算定するものです。

〈チェック事項〉

1 外部の理学療法士等との連携

☐ 訪問リハビリテーション事業所、通所リハビリテーション事業所、又はリハビリテーションを実施している医療提供施設の理学療法士等から助言を受けるための体制を整えているか
☐ 目標達成度合いを理学療法士等へ報告しているか

2 訪問介護計画の作成

☐ サービス提供責任者は、理学療法士等からの助言に基づき、生活機能アセスメントを行った上で、計画を作成しているか
☐ 理学療法士等からの助言を反映し、生活機能の向上を目的とした計画となっているか

3 算定する月

☐ 初回の訪問介護が行われた月のみ算定しているか

3 加算　(10) 生活機能向上連携加算

1 外部の理学療法士等との連携

- 医療提供施設とは、下記のことをいいます。
  病院（許可病床数が 200 床未満又は半径 4km 以内に診療所がない病院）、診療所、介護老人保健施設、介護医療院
- 理学療法士等とは、理学療法士、作業療法士、言語聴覚士、医師のことをいいます。
- 理学療法士等には、**ICT を活用した動画やテレビ電話を用いて、利用者の自宅を訪問せずに** ADL 及び IADL に関する利用者の状況について、適切に把握することが求められます。この時に、利用者の状況について把握するための方法等を、サービス提供責任者と理学療法士等で事前に調整しておきましょう。
- 訪問介護計画を作成した 3 ケ月後に、目標の達成度合いについて、利用者及び理学療法士等に報告することが必要となります。

2 訪問介護計画の作成

- 生活機能の向上を目的とした計画とは、利用者の日常生活の中で介助等を必要とする行為について、利用者本人が日々の暮らしの中でその行為を可能な限り自立して行うことができるよう、利用者の能力や改善の可能性に応じて具体的な目標を定めた上で、提供する訪問介護の内容を定めたものをいいます。
- 訪問介護計画には、次の内容を記載します。
  a　利用者が可能な限り自立して行う行為の内容
  b　a の内容に関する達成目標
  c　b の目標達成に向けた、各月の目標
  d　b 及び c の目標達成のために、介護職員等が行う介助の内容

> **注意！** サービス提供後、翌月・翌々月は算定不可
>
> 理学療法士等の助言に基づき、訪問介護計画を見直した場合には、**本加算を再び算定することが可能**です。しかし、利用者の急性増悪等により訪問介護計画を見直した場合を除いて、訪問介護計画に基づいて訪問介護サービスを提供した翌月及び翌々月は、本加算を算定することはできません。
>
> しかし、**3 ケ月後**に、再度理学療法士等からの助言に基づき訪問介護計画を見直した場合には、**再び加算を算定することが可能です**。

○生活機能向上連携加算（Ⅱ） 200 単位

サービス提供責任者が、外部の理学療法士等が利用者宅を訪問する際に同行し、利用者の身体の状況等を共同で評価し、訪問介護計画を作成した場合に、初回の訪問介護を行った月以降3ケ月の間、1ケ月につき200単位を算定します。

〈チェック事項〉

1 外部の理学療法士等との連携

- □ 訪問リハビリテーション事業所、通所リハビリテーション事業所、リハビリテーションを実施している医療提供施設の理学療法士等とサービス提供責任者が、共同して利用者の居宅を訪問し、共同して生活機能アセスメントを行ったか
- □ 本加算を算定している期間中（3ケ月間）、各月の目標達成度合いについて、利用者及び理学療法士等に報告しているか

2 訪問介護計画の作成

- □ 理学療法士等からの助言を反映し、生活機能の向上を目的とした介護計画となっているか

3 算定する月

- □ 初回の訪問介護を提供した月以降、3ケ月間に限って算定しているか
- □ 生活機能向上連携加算（Ⅰ）を算定していないか

1 外部の理学療法士等との連携

● 本加算は、訪問リハビリテーション事業所、通所リハビリテーション事業所、リハビリテーションを実施している医療提供施設の理学療法士等が利用者の居宅を訪問する際にサービス提供責任者が同行し、共同して利用者の状況につい

て評価を行い、訪問介護計画を作成して訪問介護を提供した場合を評価するものです。

→「医療提供施設」や「理学療法士等」の定義については、「生活機能向上連携加算（Ⅰ）」の「**1** 外部の理学療法士等との連携」119頁を参照

● 基本的にサービス提供責任者とリハビリテーション専門職等がそれぞれ利用者の自宅を訪問した上で、共同してカンファレンスを行いますが、カンファレンスは、利用者・家族も参加するサービス担当者会議の前後に時間を明確に区分した上で、サービス提供責任者及びリハビリテーション専門職等によって実施されるものでも差し支えありません。

● 本加算を算定している３ケ月間は、毎月目標の達成度合いについて理学療法士等に報告する必要があります。

2 訪問介護計画の作成

→「生活機能向上連携加算（Ⅰ）」の「**2** 訪問介護計画の作成」119頁を参照

3 算定する月

● 初回の訪問介護を提供した月以降、**３ケ月を限度**として算定されるものです。３ケ月を超えて引き続き加算を算定しようとする場合には、再度理学療法士等と共同して評価を行い、これに基づいて介護計画を見直す必要があります。

● 本加算を算定している３ケ月の間に、対象となる利用者への訪問リハビリテーション又は通所リハビリテーションが終了した場合でも、本加算は３ケ月間算定が可能です。

● 本加算は、生活機能向上連携加算（Ⅰ）を算定している場合には算定できません。

ポイント 理学療法士等との同行訪問とは？

理学療法士等との同行とは、例えば、訪問リハビリテーションでは、訪問リハビリテーションで訪問する際にサービス提供責任者が同行する、リハビリテーションを実施している医療提供施設の医師とは、訪問診療を行う際等にサービス提供責任者が同行することが考えられます。

(11) 口腔連携強化加算

　適切な口腔管理を行うために、訪問介護事業所が利用者の口腔の健康状態を評価し、その情報を歯科医療機関やケアマネジャーに情報提供し、連携することを評価するものです。1月に1回、50単位を算定します。

〈チェック事項〉

1 口腔の健康状態の評価

- ☐ 事業所の従業者が利用者の口腔の健康状態の評価を実施しているか
- ☐ 評価の結果について歯科医療機関やケアマネジャーに情報提供を行っているか
- ☐ 情報提供について利用者の同意を得ているか
- ☐ 歯科訪問診療を実施している歯科医療機関に相談できる体制を確保しているか

2 他の加算の算定状況

- ☐ 他の介護サービスの事業所で口腔・栄養スクリーニング加算を算定していないか
  ※栄養スクリーニングを行い、口腔栄養スクリーニング加算（Ⅱ）を算定している場合を除く
- ☐ 歯科医師又は歯科衛生士が行う居宅療養管理指導費を算定していないか
- ☐ 他のサービス事業所で口腔連携強化加算を算定していないか

1 口腔の健康状態の評価

- 口腔の健康状態の評価は利用者ごとに行われるケアマネジメントの一環として行います。必要に応じて、歯科医療機関の歯科医師又は歯科医師の指示を受けた歯科衛生士に評価の方法や在宅歯科医療の提供等について相談してください。なお、複数の歯科医療機関と連携することができます。
- 評価した情報はケアマネジャーに提供をするとともに、利用者又は家族等の意向と担当ケアマネジャーの意見等を踏まえて、連携歯科医療機関やかかりつけ歯科医等に提供してください。また、口腔の健康状態により主治医の対応を要する場合、必要に応じてケアマネジャーを通じて主治医にも情報提供等をしてください。
- 口腔の健康状態の評価に必要な確認事項は以下の内容です。
    a 開口の状態
    b 歯の汚れの有無
    c 舌の汚れの有無
    d 歯肉の腫れ、出血の有無
    e 左右両方の奥歯のかみ合わせの状態
    f むせの有無
    g ぶくぶくうがいの状態
    h 食物のため込み、残留の有無
    ※g及びhは、利用者の状態に応じて確認可能な場合に限る
- 算定を行う事業所はサービス担当者会議等を活用して決定し、その事業所が原則として口腔の健康状態の評価を継続的に行います。

> **ポイント** 口腔の健康状態の評価の方法
>
> 別途通知（「リハビリテーション・個別機能訓練、栄養、口腔の実施及び一体的取組について」）及び「入院（所）中及び在宅等における療養中の患者に対する口腔の健康状態の確認に関する基本的な考え方」（令和6年3月日本歯科医学会）等を参考としてください。

(12) 認知症専門ケア加算

専門的な認知症ケアを普及する観点から、認知症介護の経験があり、認知症ケアの専門研修修了者が介護サービスを提供することを評価する加算です。

認知症専門ケア加算（Ⅰ）	1日につき3単位を加算
認知症専門ケア加算（Ⅱ）	1日につき4単位を加算

〈チェック事項〉

1 認知症専門ケア加算（Ⅰ）

☐ 事業所の利用者のうち、日常生活自立度ランクⅡ以上の認知症の利用者（対象者）の割合が2分の1以上であるか
☐ 認知症介護実践リーダー研修修了者を次の基準で配置し、チームとして専門的な認知症ケアを実施しているか
　a　対象者が20人未満：1人以上
　b　対象者が20人以上：1人に対象者が19を超えて10又はその端数を増すごとに1を加えた数以上
☐ 事業所の従業者に対して、認知症ケアに関する留意事項の伝達又は技術的指導に係る会議を定期的に開催しているか

1 認知症専門ケア加算（Ⅰ）

- 認知症日常生活自立度Ⅱ以上の利用者の割合の算定は、算定月の前3ケ月の各月末時点の利用者数の平均で算定します。
  ➡ 認知症日常生活自立度については「参考　認知症高齢者の日常生活自立度判定基準」137頁を参照
- 日本介護福祉士会等が実施する「介護福祉士ファーストステップ研修」については、認知症介護実践リーダー研修と同等の取扱いと認められる場合がありますが、市町村で取扱いが異なります。
- 認知症介護実践リーダー研修修了者の必要数は、対象者（日常生活自立度ランクⅡ以上の利用者）数に応じて、次の表の通りに設定されています。

対象者の数	認知症介護実践リーダー研修修了者の必要数
20人未満	1人以上
20人以上30人未満	2人以上
30人以上40人未満	3人以上
40人以上50人未満	4人以上

2 認知症専門ケア加算（Ⅱ）

- [ ] 事業所の利用者のうち、日常生活自立度ランクⅢ以上の認知症の利用者（対象者）の割合が20％以上であるか
- [ ] 認知症介護実践リーダー研修修了者を次の基準で配置し、チームとして専門的な認知症ケアを実施しているか※
    - a 対象者が20人未満：1人以上
    - b 対象者が20人以上：1人に対象者が19を超えて10又はその端数を増すごとに1を加えた数以上
- [ ] 事業所の従業者に対して、認知症ケアに関する留意事項の伝達又は技術的指導に係る会議を定期的に開催しているか※
- [ ] 認知症介護指導者養成研修修了者を1人以上配置し、事業所全体の認知症ケアの指導等を実施しているか
- [ ] 事業所の訪問介護員ごとの認知症ケアに関する研修計画を作成し、計画に従って研修を実施又は実施を予定しているか

※認知症専門ケア加算（Ⅰ）と同じ要件

認知症専門ケア加算に必要な配置

管理者

サービス提供
責任者

訪問介護員

・加算（Ⅰ）
認知症介護
実践リーダー
研修修了者
1人+α

＋

・加算（Ⅱ）
認知症介護
指導者養成
研修修了者
1人

認知症介護実践リーダー研修修了者は、対象者が20人以上の場合は2人以上必要。加算（Ⅱ）の場合、対象者が20人未満であれば、両方の研修を修了している1人でもOK！

2 認知症専門ケア加算（Ⅱ）

- チェック事項の要件のうち2点は、認知症専門ケア加算（Ⅰ）と同じです。
- 認知症介護指導者養成研修修了者は、適切に事業所全体の認知症ケアを実施していれば、管理者などでもよく、特にその者の職務や資格等は問いません。
- 対象者（日常生活自立度ランクⅢ・Ⅳ・Mの利用者）が**20人未満の場合は、認知症介護実践リーダー研修と認知症介護指導者養成研修の両方の修了者が1人配置**されていれば、本加算を算定できます。

(13) 介護職員等処遇改善加算

　介護職員の賃金の改善等を実施している事業所に対する加算です。介護現場で働く職員にとって令和6年度に2.5％、令和7年度に2.0％のベースアップへとつながるよう、処遇改善のための旧3加算（介護職員処遇改善加算・介護職員等特定処遇改善加算・介護職員等ベースアップ等支援加算）を一本化した形で、令和6年度に新設されました。

➡ 令和6・7年度のベースアップについては「解説　令和6・7年度のベースアップについて」138頁を参照

介護職員等処遇改善加算（Ⅰ）	1月当たりの総単位数の24.5％
介護職員等処遇改善加算（Ⅱ）	1月当たりの総単位数の22.4％
介護職員等処遇改善加算（Ⅲ）	1月当たりの総単位数の18.2％
介護職員等処遇改善加算（Ⅳ）	1月当たりの総単位数の14.5％

※令和6年度中の経過措置として介護職員等処遇改善加算（Ⅴ）あり

➡ 加算（Ⅴ）については「解説　介護職員等処遇改善加算（Ⅴ）」139頁を参照

〈チェック事項〉

1 月額賃金改善要件

□ 処遇改善計画の賃金改善は、次の要件を満たしているか
　【月額賃金改善要件Ⅰ】※
　□ 加算（Ⅳ）相当の加算額の1／2以上を、月給（基本給又は決まって毎月支払われる手当）の改善に充てる
　【月額賃金改善要件Ⅱ】旧ベースアップ等支援加算未算定の場合のみ
　□ 前年度と比較して、旧ベースアップ等支援加算相当の加算額の2／3以上の新たな基本給等の改善（月給の引上げ）を行う
※月額賃金改善要件Ⅰについては令和7年度から適用

1 月額賃金改善要件

【月額賃金改善要件Ⅰ】
● 加算（Ⅰ）～（Ⅳ）のどれを算定する場合でも、加算（Ⅳ）の加算額の1／2

以上を基本給又は決まって毎月支払われる手当とすることが必要です。
- このときに、賃金総額を新たに増加させる必要はありません。手当や一時金としている賃金改善の一部を減額して、その分を基本給等に付け替えることでも要件を満たします。
- すでに要件を満たしている事業所は、新規の取組みを行う必要はありません。ただし、新規の基本給等の引上げを行う場合には、基本給等の引上げはベースアップにより行うことが基本となります。
- この要件は**令和6年度中は猶予され、令和7年度から適用**されます。

【月額賃金改善要件Ⅱ】 旧ベースアップ等支援加算未算定の場合のみ
- 令和6年5月31日時点で旧処遇改善加算を算定しており、かつ、旧ベースアップ等支援加算は未算定の事業所が、新規に加算（Ⅰ）〜（Ⅳ）を算定する場合の要件です。
- 旧ベースアップ等支援加算を算定する場合に見込まれる加算額の2/3以上の基本給等の引上げを新規に実施しなければなりません。
- 基本給等の引上げはベースアップにより行うことが基本となります。
- 次の事業所については、この要件の適用を受けません。
  a 令和6年5月以前に旧3加算を算定していなかった事業所
  b 令和6年6月以降に開設された事業所

> **ポイント ▶ 旧ベア加算から月給改善額の要件が変更に**
>
> 本加算で月給改善として求められる要件は、旧ベースアップ等支援加算の算定要件「加算総額の2/3以上を月給の改善に充てる」とは異なり、「加算（Ⅳ）の算定率で計算した加算総額の1/2以上を月給の改善に充てる」というものです。
>
> この要件は令和7年度から適用されるため、令和6年度中は旧ベースアップ等支援加算と支援補助金で設定した月給改善額を維持することになります。また、旧ベースアップ等支援加算を算定していなかった場合は、令和6年度中は、同旧加算を算定した場合の加算額の2/3以上を月給改善額として設定することになります。

> **ポイント▶賃金改善の実施についての基本的な考え方**
>
> 　賃金改善は、基本給、手当、賞与等のうち対象とする項目を特定した上で行います。この場合、賃金水準を低下させてはなりません。また、基本給による賃金改善が望ましいとされています。
> 　令和6年度に、令和5年度と比較して増加した加算額については、増加分に相当する介護職員その他の職員の賃金改善を新規に実施しなければなりません。その際、新規に実施する賃金改善は、ベースアップにより行うことが基本とされています。
> 　配分については、事業者の判断で、介護職員以外の職種への配分も含め、事業所内で柔軟な配分が可能です。ただし、一部の職員に加算を原資とする賃金改善を集中させることや、法人内の一部の事業所のみに賃金改善を集中させるなど、職務の内容や勤務の実態に見合わない著しく偏った配分はNGとされています。

> **ポイント▶月給改善額はベースアップが基本！**
>
> 　本加算で求められている月額改善額は**ベースアップが基本**とされています。ベースアップとは、賃金表の改訂により基本給や手当の水準を一律に引き上げることです。
> 　例外としては、令和6年度介護報酬改定をふまえて、賃金体系の見直しの途上である場合などが示されています。そのような場合に、ベースアップのみでの賃金改善ができなければ、その他の手当や一時金等を組み合わせて実施してもよいとされています。

〈チェック事項〉

2 キャリアパス要件

【加算Ⅰ】☐ キャリアパス要件Ⅰ・Ⅱ・Ⅲ・Ⅳ・Ⅴを満たしているか
【加算Ⅱ】☐ キャリアパス要件Ⅰ・Ⅱ・Ⅲ・Ⅳを満たしているか
【加算Ⅲ】☐ キャリアパス要件Ⅰ・Ⅱ・Ⅲを満たしているか
【加算Ⅳ】☐ キャリアパス要件Ⅰ・Ⅱを満たしているか

〈キャリアパス要件〉
Ⅰ（任用要件・賃金体系）※：任用の際に職責又は職務内容等の要件（賃金を含む）を就業規則等の書面で整備している
Ⅱ（研修の実施等）※：資質向上の支援について具体的な計画を策定し、計画にそって研修を実施又は研修の機会を確保している
Ⅲ（昇給の仕組み）※：経験や資格等に応じて昇給する仕組み又は一定の基準により定期に昇給を判定する仕組みを設けている
Ⅳ（改善後の賃金額）：経験・技能のある介護職員のうち１人は、賃金改善後の賃金見込額が年額 440 万円以上である
Ⅴ（介護福祉士等の配置）：特定事業所加算（Ⅰ）又は（Ⅱ）のいずれかを届け出ている
Ⅰ〜Ⅲは根拠規程を書面で整備の上、全ての介護職員に周知が必要
※キャリアパス要件Ⅰ・Ⅱ・Ⅲについては令和７年度から適用

2 キャリアパス要件

● キャリアパス要件とは、賃金体系や研修、昇給の仕組みの整備など、介護職員のキャリアアップを目的として設置された要件です。加算（Ⅰ）〜（Ⅳ）には算定要件にキャリアパス要件が定められており、これを満たすことがポイントです。算定する加算によって、満たさなければならない項目が異なります。

➡ キャリアパス要件の詳細は「解説　キャリアパス要件」141頁を参照

〈チェック事項〉

3 職場環境等要件

☐ 給与以外の処遇改善（職場環境等要件）を次の通り実施しているか

【加算（Ⅰ）・（Ⅱ）】☐ 区分ごとにそれぞれ2つ以上取り組む
（「生産性向上のための取組」は3つ以上、うち一部は必須）

【加算（Ⅲ）・（Ⅳ）】☐ 区分ごとにそれぞれ1つ以上取り組む
（「生産性向上のための取組」は2つ以上）

〈区分〉

入職促進に向けた取組（①～④）
資質の向上やキャリアアップに向けた支援（⑤～⑧）
両立支援・多様な働き方の推進（⑨～⑫）
腰痛を含む心身の健康管理（⑬～⑯）
生産性向上（業務改善及び働く環境改善）のための取組（⑰～㉔）
やりがい・働きがいの醸成（㉕～㉘）

☐ 本加算の算定状況と職場環境等要件に基づく取組みについて、ホームページへの掲載等により公表しているか【加算（Ⅰ）・（Ⅱ）のみ】

※職場環境等要件は令和7年度から適用

3 職場環境等要件

- 本加算の算定には、職場環境等要件を実施して報告することが必要です。職場環境等要件とは、賃金改善以外の職場環境などの改善を推進することを目的に設置された要件で、具体的に取り組む内容が①から㉘まで設定され、6つの区分に分かれています。
  ➡ 職場環境等要件の詳細は「解説　職場環境等要件」144頁を参照
- 加算（Ⅰ）・（Ⅱ）を算定する場合は、6つの区分それぞれから2つ以上、「生産性向上のための取組」の区分では3つ以上の取組を実施する必要がありますが、そのうち⑰又は⑱は必須です。これらを全介護職員に周知しなければなりません。また、年度内に実施した処遇改善に要した費用を全介護職員に周知することも必要です。

- 小規模事業者※は、㉔の取組みを実施していれば、「生産性向上のための取組」の要件を満たすことができます。
  ※1法人あたり1の施設又は事業所のみを運営するような法人等の小規模事業者
- 加算（Ⅰ）・（Ⅱ）を算定する場合は、本加算の算定状況と職場環境等要件についてホームページ等を活用して公表します。
- 具体的には、介護サービスの情報公表制度を活用して、本加算の算定状況を報告し、実施した職場環境等要件の取組項目と具体的な取組内容を「事業所の特色」欄に記載します。情報公表制度で報告の対象となっていない場合は、自事業所のホームページを活用するなど、外部から見える形で公表します。
- 新たな職場環境等要件は、令和6年度中については適用を猶予され、従来の職場環境等要件が適用されます。

> **ポイント 大きく変わる！職場環境等要件**
>
> 　本加算の新設にあたって、職場環境等要件については、6つの区分のうち「生産性向上のための取組」を重点的に実施すべき内容に改められています。
>
> 　この区分の具体的な取組は、⑰業務改善委員会設置などの体制構築、⑱職場の課題分析など課題の見える化、⑲5S活動等による環境整備、⑳業務マニュアル作成等による作業負担軽減、㉑介護記録ソフト等の導入、㉒見守りセンサーやインカム等のICT機器の導入、㉓介護助手の活用など業務や役割の見直し、㉔各種委員会の共同設置など協働化を通じた環境改善です。
>
> 　職場環境等要件の適用は令和7年度からですが、小規模事業者にはハードルが高いため、特例措置として上記の項目⑰～㉔のうち㉔を行えば、要件をクリアするとされています。

〈チェック事項〉

4 加算算定のための各種届出

【体制等状況一覧表】
- ☐ **体制等状況一覧表**を算定開始月の前月15日までに提出しているか

【処遇改善計画書】
- ☐ 処遇改善計画書の賃金改善所要見込額が、介護職員処遇改善加算の見込額を上回る計画となっているか
- ☐ **処遇改善計画書**を事業年度における最初の算定月の前々月の末日までに提出しているか
- ☐ 処遇改善計画書により賃金改善方法を全介護職員に周知しているか
- ☐ 処遇改善計画書の内容に変更があった場合、算定開始月の前月15日までに**変更届出書**を提出しているか

【実績報告書】
- ☐ 事業年度ごとの**実績報告書**を最終の加算の支払があった翌々月の末日までに提出しているか

【特別事情届出書】
- ☐ 一時的に賃金水準を引き下げる場合、**特別事情届出書**を提出しているか

5 労働法令の遵守等

- ☐ 過去12ケ月間、労働基準法等の違反で罰金以上の刑を受けていないか
- ☐ 労働保険料の納付を適正に行っているか

4 加算算定のための各種届出

【処遇改善計画書】
- 本加算を算定する場合、介護職員の賃金改善に要する費用の見込額が、加算の算定見込額を上回るとする賃金改善に関する処遇改善計画書を策定し、都道府県知事等に届け出ることが必要です。
- 事業年度において初めて新加算等を算定する月の前々月の末日までに、処遇改善計画書を都道府県知事に提出します。
- 処遇改善計画書の内容に変更があった場合は、変更届出書を届け出ます。変更が就業規則の改訂のみの場合は、実績報告書を提出する際に変更届出書をあわせて届け出ます。
- 事業所での賃金改善の実施方法は処遇改善計画書を用いて職員に周知するとともに、就業規則等の内容も周知する必要があります。
- 介護職員から賃金改善について照会があった場合は、その職員に対する具体的な賃金改善の内容について、文書などでわかりやすく回答しなければなりません。

【実績報告書】
- 実績報告書は、各事業年度において最終の加算の支払があった月の翌々月の末日までに、都道府県知事等に提出します。例えば令和6年度の提出期日は、令和7年3月分の加算の支払が令和7年5月であることから、通常は令和7年7月31日となります。

【特別事情届出書】
- 経営が悪化して一定期間にわたり収支が赤字で、資金繰りに支障が生じるような場合は、事業を継続させるために、例外的に一時的に賃金水準を引き下げることが認められています。
- 事業の継続を図るために、職員の賃金水準(加算による賃金改善分を除く)を引き下げた上で賃金改善を行う場合には、特別事情届出書を届け出る必要があります。
- 年度を越えて賃金を引き下げる場合は、次年度の加算算定のための届出を行う際に、特別事情届出書を再度提出する必要があります。

> **ポイント** 複数の事業所を運営している場合は事業者単位で作成できる！

　事業者が複数の介護サービス事業所や施設を運営している場合は、処遇改善計画書・実績報告書を事業者（法人）単位で一括して作成することができます。
　その場合は、計画書等をそれぞれの期日までに、各事業所や施設の指定権者である都道府県知事等に届出を行います。提出する処遇改善計画書等の記載事項は、「提出先」の項目以外は同じ内容で問題ありません。

> **ポイント** 小規模事業者は様式の特例あり

　本加算の新設にあたっては、事務負担を軽減するために各様式の簡素化が行われました。処遇改善計画書については、小規模事業者用に事業所個票を簡素化した様式（別紙様式6）が新設されています。
　具体的には、同一法人内の事業所数が10以下の事業者は、この小規模事業者用の処遇改善計画書（別紙様式6）により、計画書の作成・提出を行うことができます。
　なお、この小規模事業者用の計画書を作成・提出した場合でも、実績報告書については、通常の場合と同じものを作成・提出します。

参考　認知症高齢者の日常生活自立度判定基準

ランク	判定基準	見られる症状・行動の例
Ⅰ	何らかの認知症を有するが日常生活は家庭内及び社会的にほぼ自立している。	
Ⅱ	日常生活に支障を来すような症状・行動や意思疎通の困難さが多少見られても、誰かが注意していれば自立できる。	
Ⅱa	家庭外で上記Ⅱの状態が見られる。	たびたび道に迷うとか、買物や事務、金銭管理などそれまでできたことにミスが目立つ等
Ⅱb	家庭内でも上記Ⅱの状態が見られる。	服薬管理ができない、電話の応対や訪問者との応対など一人で留守番ができない等
Ⅲ	日常生活に支障を来すような症状・行動や意思疎通の困難さが時々見られ、介護を必要とする。	
Ⅲa	日中を中心として上記Ⅲの状態が見られる。	着替え、食事、排便・排尿が上手にできない・時間がかかる やたらに物を口に入れる、物を拾い集める、徘徊、失禁、大声・奇声を上げる、火の不始末、不潔行為、性的異常行為等
Ⅲb	夜間を中心として上記Ⅲの状態が見られる。	ランクⅢaに同じ
Ⅳ	日常生活に支障を来すような症状・行動や意思疎通の困難さが頻繁に見られ、常に介護を必要とする。	ランクⅢに同じ
M	著しい精神症状や周辺症状あるいは重篤な身体疾患が見られ、専門医療を必要とする。	せん妄、妄想、興奮、自傷・他害等の精神症状や精神症状に起因する問題行動が継続する状態等

出典：「認知症高齢者の日常生活自立度判定基準」の活用について（平成5年10月26日老健第135号）厚生省老人保健福祉局長通知

解説 令和6・7年度のベースアップについて

　本加算のポイントは、令和6年度に2.5%、令和7年度に2.0%の2期分のベースアップを可能とすることです。本加算の算定率は、2年分の賃上げ分を含んでおり、令和6年6月に移行した段階で算定率は、旧3加算と2月からの支援補助金を合計した加算率より高く設定されています。この増加分は、令和6年6月から前倒しで支給してもよいし、令和7年度に繰り延べて7年度に支給してもよいとされました。

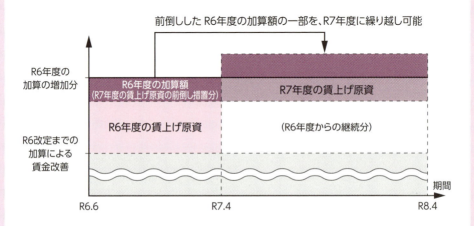

　しかし、繰り延べる場合は2つの問題を抱えています。1つ目は、繰り延べて令和7年度に支給した部分については、令和8年度以降の加算では補填されないことです。つまり、令和8年度以降は事業所の負担となります。2つ目は、繰り延べした部分の収益は令和6年度の収入であることです。加算収入に相対する賃金の支給が令和7年度となるために、令和6年度は法人税の課税対象となってしまいます。この税金対策として、厚生労働省は賃上げ促進税制の活用をあげていますが、一般的ではありません。それらを勘案すると、令和6年6月から前倒しでの支給がベストの選択といえるのではないでしょうか。

　例外として、法人が毎年、定期昇給を実施している場合には、繰り延べて増額した部分で定期昇給の相当額を補填するのであれば有効です。令和8年度以降は、事業所の負担での支給は想定内ですので、少なくとも令和7年度の昇給分を加算で補填できるメリットは大きいといえます。

解説　介護職員等処遇改善加算（Ⅴ）

　加算（Ⅰ）～（Ⅳ）の算定要件を満たすことができないなど、新たな加算にただちに移行できない事業所のため、令和6年6月から令和6年度末までの経過措置区分（激変緩和措置）として、加算（Ⅴ）（1）～（14）が設けられています。

- 加算（Ⅴ）は、旧3加算の取得状況に応じた加算率を維持した上で、令和6年度改定による加算率引上げを受けることができるようにするものです。令和6年5月末日時点で、旧3加算のうちいずれかの加算を受けている事業所が取得可能です。
- 加算（Ⅴ）の加算区分は令和6年5月時点の旧3加算の算定状況で決まり、年度中に旧加算の算定要件を満たせなくなった場合は、加算（Ⅴ）の算定ができなくなります。
- 加算の配分方法は、他の加算と同様、介護職員への配分を基本に、特に経験・技能のある職員に重点的に配分しますが、事業所内で柔軟な配分が認められます。

加算（Ⅴ）の算定要件（旧3加算の算定状況）

加算区分	加算率	介護職員処遇改善加算	介護職員等特定処遇改善加算	介護職員等ベースアップ等支援加算
Ⅴ（1）	22.1%	Ⅰ	Ⅰ	算定なし
Ⅴ（2）	20.8%	Ⅱ	Ⅰ	算定あり
Ⅴ（3）	20.0%	Ⅰ	Ⅱ	算定なし
Ⅴ（4）	18.7%	Ⅱ	Ⅱ	算定あり
Ⅴ（5）	18.4%	Ⅱ	Ⅰ	算定なし
Ⅴ（6）	16.3%	Ⅱ	Ⅱ	算定なし
Ⅴ（7）	16.3%	Ⅲ	Ⅰ	算定あり
Ⅴ（8）	15.8%	Ⅰ	算定なし	算定なし
Ⅴ（9）	14.2%	Ⅲ	Ⅱ	算定あり
Ⅴ（10）	13.9%	Ⅲ	Ⅰ	算定なし
Ⅴ（11）	12.1%	Ⅱ	算定なし	算定なし
Ⅴ（12）	11.8%	Ⅲ	Ⅱ	算定なし
Ⅴ（13）	10.0%	Ⅲ	算定なし	算定あり
Ⅴ（14）	7.6%	Ⅲ	算定なし	算定なし

第2章 介護報酬の算定要件

加算（Ⅴ）の算定要件

加算区分	Ⅴ1	Ⅴ2	Ⅴ3	Ⅴ4	Ⅴ5	Ⅴ6	Ⅴ7	Ⅴ8	Ⅴ9	Ⅴ10	Ⅴ11	Ⅴ12	Ⅴ13	Ⅴ14
① 月額賃金改善要件Ⅰ														
加算Ⅳの1/2以上の月額賃金改善	ー	ー	ー	ー	ー	ー	ー	ー	ー	ー	ー	ー	ー	ー
② 月額賃金改善要件Ⅱ														
旧ベア加算相当の2/3以上の新規の月額賃金改善	ー													
③ キャリアパス要件Ⅰ														
任用要件・賃金体系の整備等	○	○	○	○	○	○	どちらかを	○	どちらかを	どちらかを	○	どちらかを	どちらかを	どちらかを
④ キャリアパス要件Ⅱ														
研修の実施等	○	○	○	○	○	○	○	○	○	○	○	○	○	○
⑤ キャリアパス要件Ⅲ														
昇給の仕組みの整備等	○	ー	○	ー	ー	ー	ー	ー	○	ー	ー	ー	ー	ー
⑥ キャリアパス要件Ⅳ														
改善後の賃金要件（8万円又は440万円が1人以上）	○	○	○	○	○	○	○	ー	ー	ー	ー	ー	ー	ー
⑦ キャリアパス要件Ⅴ														
介護福祉士等の配置要件	○	○	ー	ー	○	ー	○	ー	ー	○	ー	ー	ー	ー
⑧ 職場環境等要件														
職場環境全体で1	ー	ー	ー	ー	ー	ー	○	ー	ー	○	ー	○	○	○
職場環境区分ごと1	○	○	○	○	○	○	ー	○	○	ー	○	ー	ー	ー
HP掲載等を通じた見える化	○	○	○	○	○	○	ー	○	○	ー	○	ー	ー	ー

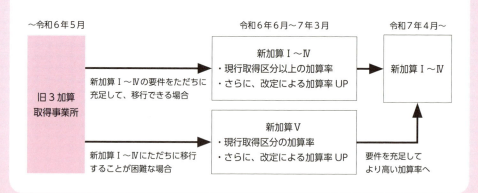

解説　キャリアパス要件

キャリアパス要件Ⅰ（任用要件・賃金体系の整備等）
次の①～③をすべて満たすことが必要です。
① 介護職員の任用の際の職位、職責、職務内容等に応じた任用等の要件（賃金に関するものを含む）を定めている

　　一般職員、班長、主任など、介護職員が上れる階段を設ければよく、該当者がいない場合は空き職種でも、その仕組みがあれば問題ありません。

② 上記①の職位、職責、職務内容等に応じた賃金体系（一時金等の臨時的に支払われるものを除く）を定めている

　　必ずしも厳密な賃金規程は必要なく、各階段での給与のめやすの金額がわかる状態であれば問題ありません。

③ 上記①・②の内容について就業規則等の明確な根拠規程を書面で整備し、全介護職員に周知している

　　新入職員も含めた全職員に周知していることが必要です。ただし、常時雇用者数が10人未満の事業所など、労働法規上の就業規則の作成義務がない事業所は、就業規則の代わりに内規等を整備して周知していれば、要件を満たすことができます。

キャリアパス要件Ⅱ（研修の実施等）
次の①・②を満たすことが必要です。
① 介護職員の職務内容等をふまえ、介護職員と意見を交換しながら、資質向上の目標と、**a**又は**b**に関する具体的な計画を策定し、計画に係る研修の実施又は研修の機会を確保している

　a 資質向上の計画に沿って、研修機会の提供又は技術指導等（OJT、OFF-JT等）の実施、介護職員の能力評価を行う

　b 資格取得のための支援（研修のための勤務シフトの調整、休暇の付与、費用の援助等）を実施する

　　意見の交換は、さまざまな方法で（例えば、対面に加え、労働組合との意見交換、メール等による意見募集など）できる限り多くの介護職員の意見を聴く機会を設けるように配慮することが望ましいとされています。

　　「資質向上の目標」とは、運営状況や介護職員のキャリア志向等を踏まえ設定しますが、一例として、次のようなものが考えられます。

・利用者のニーズに応じた良質なサービスを提供するために、介護職員が技術・能力（例：

介護技術、コミュニケーション能力、協調性、問題解決能力、マネジメント能力等）の向上に努めること
・事業所全体での資格等（例：介護福祉士、介護職員基礎研修、訪問介護員研修等）の取得率の向上
② 上記①について、全介護職員に周知している

キャリアパス要件Ⅲ（昇給の仕組みの整備等）

次の①・②を満たすことが必要です。
① 介護職員について、経験や資格等に応じて昇給する仕組み又は一定の基準に基づき定期に昇給を判定する仕組みを設けている
　　具体的には、次の**a～c**のいずれかに該当するもの
　a　経験に応じて昇給する仕組み
　　　「勤続年数」や「経験年数」などに応じて昇給する仕組みです（例えば、職員の勤務年数が3年未満は一般職員、3～6年は班長、6年超は主任に昇進するなど）。
　b　資格等に応じて昇給する仕組み
　　　介護福祉士等の資格取得や実務者研修等の修了状況に応じて昇給する仕組みです。別法人等で資格を取得した後に就業した場合でも昇給できる仕組みとする必要があります。例えば、介護職員を対象に介護福祉士手当、特定介護福祉士手当、社会福祉士手当などを複数設けて、資格を取ると昇給する仕組みでもよく、この場合の手当の金額に定めはありません。また、該当する職員がいない場合は手当を支給する必要はありません。
　c　一定の基準に基づき定期に昇給を判定する仕組み
　　　「実技試験」や「人事評価」などの結果に基づいて昇給する仕組みです。客観的な評価基準や昇給条件が明文化されている必要があります（例えば、班長試験や主任試験などの昇進試験を設けて、合格すると昇進するなど）。
② 上記①の内容について、就業規則等の明確な根拠規程を書面で整備し、全介護職員に周知している

キャリアパス要件Ⅳ（改善後の年額賃金要件）

経験・技能のある介護職員（経験10年以上の介護福祉士資格者）のうち1人以上は、賃金改善後の年収が440万円以上であること。
すでに該当者がいる場合は、新たに設ける必要はありません。
次のように賃金改善が困難で合理的な理由がある場合は、例外措置として設けなくてもよいとされています。

- 小規模事業所等で加算額全体が少額である場合
- 職員全体の賃金水準が低い事業所などで、ただちに1人の賃金を引き上げることが困難な場合

　令和6年度中は、旧特定処遇改善加算同様に、賃金改善額が月額平均8万円以上の職員を置くことでも上記の要件を満たしますが、令和7年度からは廃止されます。

キャリアパス要件Ⅴ（介護福祉士等の配置要件）

　一定以上の介護福祉士等を配置していることが要件です。
　具体的には、特定事業所加算（Ⅰ）又は（Ⅱ）のいずれかの届出を行っている必要があります。

注意！ 算定要件が簡素化　廃止されたルールに注意！

　令和6年に新設された本加算の算定区分は、これまでの旧3加算より、算定要件がかなり簡素化されています。大きな変更点の一つは、旧特定処遇改善加算（Ⅱ）の算定要件である、全職員をA～Cのグループに振り分け、Cグループ（介護職員以外の職種）への支給はBグループ（その他の介護職員）の賃金改善額の1/2以下とする、**いわゆる「2分の1ルール」が廃止**されたことです。また、Cグループ対象者の年収を440万円以下とする所得制限も撤廃されています。

　旧特定処遇改善加算（Ⅱ）の算定要件で残ったのは、「経験10年以上で介護福祉士資格を持つ介護職員の中から、1人以上を年収440万円以上にする」という要件のみです。しかし、同旧加算で認められていた**「又は月額8万円以上の昇給」という要件は令和7年度から廃止される**ため、本加算で加算（Ⅰ）・（Ⅱ）を算定する場合には、年収440万円以上の者を設定できないと、加算（Ⅲ）以下にランクダウンするので注意が必要です。

解説　職場環境等要件

加算（Ⅰ）・（Ⅱ）：区分ごとにそれぞれ2つ以上（「生産性向上のための取組」は3つ以上、うち⑰又は⑱は必須※）取り組んでいる

加算（Ⅲ）・（Ⅳ）：区分ごとにそれぞれ1つ以上（「生産性向上のための取組」は2つ以上※）取り組んでいる

※小規模事業者（1法人当たり1の施設又は事業所のみを運営する法人等）は、㉔を実施していれば「生産性向上のための取組」の要件を満たします。

区分	内容
入職促進に向けた取組	①法人や事業所の経営理念やケア方針・人材育成方針、その実現のための施策・仕組みなどの明確化 ②事業者の共同による採用・人事ローテーション・研修のための制度構築 ③他産業からの転職者、主婦層、中高年齢者等、経験者・有資格者等にこだわらない幅広い採用の仕組みの構築（採用の実績でも可） ④職業体験の受入れや地域行事への参加や主催等による職業魅力度向上の取組の実施
資質の向上やキャリアアップに向けた支援	⑤働きながら介護福祉士取得を目指す者に対する実務者研修受講支援や、より専門性の高い介護技術を取得しようとする者に対するユニットリーダー研修、ファーストステップ研修、喀痰吸引、認知症ケア、サービス提供責任者研修、中堅職員に対するマネジメント研修の受講支援等 ⑥研修の受講やキャリア段位制度と人事考課との連動 ⑦エルダー・メンター（仕事やメンタル面のサポート等をする担当者）制度等導入 ⑧上位者・担当者等によるキャリア面談など、キャリアアップ・働き方等に関する定期的な相談の機会の確保
両立支援・多様な働き方の推進	⑨子育てや家族等の介護等と仕事の両立を目指す者のための休業制度等の充実、事業所内託児施設の整備 ⑩職員の事情等の状況に応じた勤務シフトや短時間正規職員制度の導入、職員の希望に即した非正規職員から正規職員への転換の制度等の整備 ⑪有給休暇を取得しやすい雰囲気・意識作りのため、具体的な取得目標（例えば、1週間以上の休暇を年に●回取得、付与日数のうち●％以上を取得）を定めた上で、取得状況を定期的に確認し、身近な上司等からの積極的な声かけを行っている ⑫有給休暇の取得促進のため、情報共有や複数担当制等により、業務の属人化の解消、業務配分の偏りの解消を行っている

腰痛を含む心身の健康管理	⑬業務や福利厚生制度、メンタルヘルス等の職員相談窓口の設置等相談体制の充実
	⑭短時間勤務労働者等も受診可能な健康診断・ストレスチェックや、従業員のための休憩室の設置等健康管理対策の実施
	⑮介護職員の身体の負担軽減のための介護技術の修得支援、職員に対する腰痛対策の研修、管理者に対する雇用管理改善の研修等の実施
	⑯事故・トラブルへの対応マニュアル等の作成等の体制の整備
生産性向上（業務改善及び働く環境改善）のための取組	⑰厚生労働省が示している「生産性向上ガイドライン」に基づき、業務改善活動の体制構築（委員会やプロジェクトチームの立ち上げ又は外部の研修会の活用等）を行っている
	⑱現場の課題の見える化（課題の抽出、課題の構造化、業務時間調査の実施等）を実施している
	⑲5S活動（業務管理の手法の1つ。整理・整頓・清掃・清潔・躾の頭文字をとったもの）等の実践による職場環境の整備を行っている
	⑳業務手順書の作成や、記録・報告様式の工夫等による情報共有や作業負担の軽減を行っている
	㉑介護ソフト（記録、情報共有、請求業務転記が不要なもの）、情報端末（タブレット端末、スマートフォン端末等）の導入
	㉒介護ロボット（見守り支援、移乗支援、移動支援、排泄支援、入浴支援、介護業務支援等）又はインカム等の職員間の連絡調整の迅速化に資するICT機器（ビジネスチャットツール含む）の導入
	㉓業務内容の明確化と役割分担を行い、介護職員がケアに集中できる環境を整備。特に、間接業務（食事等の準備や片付け、清掃、ベッドメイク、ゴミ捨て等）がある場合は、いわゆる介護助手等の活用や外注等で担うなど、役割の見直しやシフトの組み換え等を行う
	㉔各種委員会の共同設置、各種指針・計画の共同策定、物品の共同購入等の事務処理部門の集約、共同で行うICTインフラの整備、人事管理システムや福利厚生システム等の共通化等、協働化を通じた職場環境の改善に向けた取組の実施
	※生産性向上体制推進加算を取得している場合には、「生産性向上（業務改善及び働く環境改善）のための取組」の要件を満たすものとする
	※小規模事業者は、㉔の取組を実施していれば、「生産性向上（業務改善及び働く環境改善）のための取組」の要件を満たすものとする
やりがい・働きがいの醸成	㉕ミーティング等による職場内コミュニケーションの円滑化による個々の介護職員の気づきを踏まえた勤務環境やケア内容の改善
	㉖地域包括ケアの一員としてのモチベーション向上に資する、地域の児童・生徒や住民との交流の実施
	㉗利用者本位のケア方針など介護保険や法人の理念等を定期的に学ぶ機会の提供
	㉘ケアの好事例や、利用者やその家族からの謝意等の情報を共有する機会の提供

※令和7年度から適用（令和6年度はこれまでの職場環境要件を適用）

4 算定の手続き

(1)「介護給付費算定に係る体制等状況」届の提出

○「介護給付費算定に係る体制等状況」届の提出
- 加算を算定できる体制が整った時には、「介護給付費算定に係る体制等状況」を都道府県等に届け出た上で加算を算定します。

○届出日と加算の算定開始
- 適正な支給限度額管理と利用者や居宅介護支援事業者への周知期間を確保するために、居宅サービスについては、毎月15日までに届け出た場合には翌月から、16日以降に届け出た場合には翌々月から、加算の算定を開始します。

○算定要件を満たさなくなった場合
- 加算の算定要件は**届出後も常に満たしている必要があり**、事業所の体制等が算定要件を満たさなくなった場合は、その旨を速やかに届け出る必要があります。その場合、要件に該当しなくなった日（又は月）から加算は算定できません。

○届出の内容に問題がある場合
- 「介護給付費算定に係る体制等状況」届の記載内容が適正であるかどうかの調査は、主に運営指導の中で行われます。
- 調査で加算の算定要件に合致していないことが判明し、指導を受けても改善が見られない場合には、届出の受理の取消しが行われます。その場合は、その届出はなかったことになるため、**それまでに行った加算請求の全体が無効となり、受領していた介護報酬は不当利得として返還措置を受けます**。悪質な場合には、指定の取消しになることもあります。

4 算定の手続き　(1)「介護給付費算定に係る体制等状況」届の提出

加算を算定できる体制になった時点で、
「介護給付費算定に係る体制等状況」届を提出する

算定の前月 15 日までに提出

提出した翌月 1 日から算定の開始

加算の算定要件を満たさなくなった場合は、
速やかに「介護給付費算定に係る体制等状況」届を提出する

算定要件を満たさなくなった日又は月から算定不可

(2) 請求、給付管理、過誤申立

○介護報酬の請求の流れ

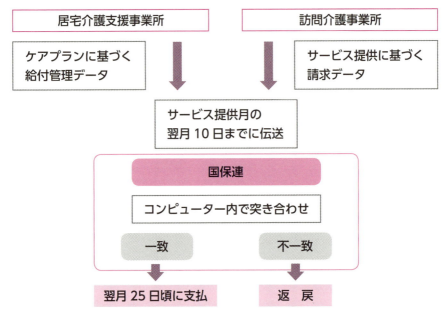

○介護報酬の審査
- 介護報酬の審査では、国民健康保険団体連合会（国保連）において利用者の基本登録データと突合されるとともに、居宅介護支援事業所の提出する給付管理票と居宅サービス事業者の提出する居宅サービス費の請求書との突合が行われます。
- この審査の段階で、給付管理票にない介護サービスの提供、つまり、**ケアプランに基づかない介護サービスの提供に対する請求は、システム的に弾かれる**こととなります。

○返戻
- 各事業所から請求等のあった「介護給付費請求明細書」と居宅介護支援事業所が提出した「給付管理票」について、国保連がチェックを行いエラーとなったものを返戻といいます。返戻となった「介護給付費請求明細書」又は「給付管

理票」は、その請求が認められないので介護報酬は支払われません。
● 返戻となった場合、介護事業所又は居宅介護支援事業所は返戻の原因を確認して、正しい請求を翌月以降に通常の請求と同様に行います。

主な返戻となる原因

1	必要箇所への入力漏れ、誤り	「摘要」欄への必要事項の記載漏れなど
2	請求額等の計算誤り	介護サービスコードの誤りなど
3	受給者台帳との不一致	生年月日や性別の誤りなど
4	重複請求、給付管理票の提出区分誤り	誤りのあった前回請求の取下げを行う前に再請求した場合など
5	その他、審査チェックでエラーとなったもの	生活保護の認定の有無や区分変更中で認定待ちなど

> **ポイント**「給付管理票の提出依頼が必要」とは？
>
> 　よく見かける返戻（保留）内容に「支援事業所に請求明細書に対応した給付管理票の提出依頼が必要」、備考欄に「保留」という記載があります。この表示は、居宅介護支援事業所からの給付管理票の提出がない場合、又は給付管理票が返戻となっている場合です。
> 　通常は2ケ月の保留期間中に、居宅介護支援事業所から給付管理票が提出されれば、提出された審査年月で保留となっていた請求明細書の支払が行われますので、居宅介護支援事業所に確認がとれれば、介護サービス事業者は期間中には何もする必要がありません。

○過誤申立（取下げ）

● 誤って介護報酬を請求した場合は、請求を取り下げる必要があります。これを過誤申立といいます。
● 過誤申立の方法には、同月過誤と通常過誤があります。

　同月過誤とは、市町村へ過誤申立をした翌月に国保連で実績取下げと再請求を併せて審査することで、全額返還することなく差額分のみ調整を行う方法です。通常過誤とは、市町村へ過誤申立を行い、国保連への再請求はせず明細書の取下げを行う方法で、いったん全額を国保連に返金することになります。

　実績取下げを行った同一審査月に再請求することはできません。同月過誤の場合でも、過誤申立をした翌月に再請求をしなかった場合、通常過誤と同じ取扱いとなり、いったん全額を国保連に返金することになります。

(3) 値引きと不当値引きの考え方

○値引き

- **介護サービスにも値引きが可能であること**が厚生省（現・厚生労働省）発出の通知※に明記されています。ただし、福祉系のサービスだけで医療系のサービスはできません。

  ※平成12年3月1日老企第39号「指定居宅サービス事業者等による介護給付費の割引の取扱いについて」

- 値引きの設定は、事業所ごと・介護サービスの種類ごとに、介護報酬の単位に対しての百分率による割引率（％）を設定する方法で行います。また、利用率の低い時間帯などの時間帯別の割引も可能で、1種類のサービスに複数の割引率を弾力的に設定することもできます。

- 値引きを行う場合は事前に「介護給付費算定に係る体制等状況」届が必要です。前月15日までに届け出た場合は翌月1日から、16日以降に届け出た場合は翌々月1日から値引きの算定となります。

○不当値引き

- 事業所ごと、介護サービスの種類ごと、時間ごとでの、事業所全体での値引きは認められていますが、**利用者ごとに個別の値引きや価格差を設ける**ことは「**不当値引き**」として指導対象、処分対象となります。

> **注意！** ─ 自費利用の料金1,000円は安過ぎる？
>
> 　不当値引きは、45分以上の生活援助サービスを自費利用として1,000円程度で提供している場合などに該当します。
>
> 　介護報酬利用者の自己負担は223円程度なので、1,000円でも十分と考えがちですが、介護報酬単位の10割負担の金額で考えると223円ではなく2,230円です。介護保険を使うと1回2,230円に対して、介護保険を使わない自費では1,000円で利用できるとすると、介護保険利用者に不利な価格設定となり、介護保険の平等主義に反するため、不当値引きの指導の対象となります。
>
> 　この場合、自費利用者は、介護保険利用の場合の10割負担相当額での請求が正しい取扱いとなります。

4 算定の手続き （3）値引きと不当値引きの考え方

こんな割引なら OK！

事業所ごとに可能	➡	A事業所は順調だけど、新しいB事業所は稼働率が悪いので値引きをしてみよう！
サービスごとに可能	➡	訪問介護は順調だけど、併設のデイサービスが伸び悩んでいるので、デイサービスだけ値引きをしてみよう！
時間帯別に可能	➡	訪問介護は朝と夕方が好調だけど、昼間が伸び悩み。昼間だけ昼間割引をやろう！
期間限定も可能	➡	期間限定も可能なので、毎年4月の開業記念の月だけ値引きをやろう！
値引きは、何％引きという百分率だけ可能	➡	500円引きなどの金額での値引きは不可 自己負担分だけ値引きも不可

組み合わせた適用も可能

こんな割引は NG！

○円引きの割引は不可	➡	端数分の500円を割引してキリよくしよう ✗
個別の割引は不可	➡	○○さんの家は生活が大変そうだから値引きしよう ✗
自己負担分だけの割引は不可	➡	割引分の10％は、全額自己負担分から減額しよう ✗

151

指導事例 4　減算逃れのための虚偽報告等で指定取消し
平成 26 年　指定取消し

行政処分の理由

開業当初から住宅型有料老人ホーム内を本拠として事業を行っていたが、指定申請の際、実際に事業を運営していた場所と違う所在地で虚偽の届出を行い、住宅型有料老人ホーム（同一建物）に居住する利用者に対して満額の介護報酬を請求し、同一建物減算を逃れていた。

また、複数の利用者の買い物代行をまとめて1回で行ったにもかかわらず、それぞれ個別に買物代行を行ったと偽って介護報酬を請求していた。

さらに、指定訪問介護を提供する資格がない職員によって訪問介護サービスを提供したにもかかわらず、介護報酬を請求していた。

不正のポイント

▶**同一建物減算を逃れるため、指定申請時に、実際には営業していない場所を住所として届け出た**

同一建物減算は、訪問介護事業所と同一の建物等の居住者にサービスを提供する場合、所定単位数の10%を減算するというものです。本ケースは事業所が住宅型有料老人ホーム内にあり、その居住者へサービスを提供していることから、明らかに同一建物減算の要件に該当します。しかし、減算を逃れるために、**指定申請時から、事業所の住所について虚偽の届出をしていたことが悪質**と判断されました。

▶**複数利用者の買物代行を1回で済ませたにもかかわらず個別に介護報酬を請求した**

▶**訪問介護サービスを無資格者に提供させていた**

訪問介護サービスは、1対1のサービスが基本です。有料老人ホームの複数の利用者の買物代行をまとめて一度で済ませることは、一般的には普通のことのように思われますが、介護報酬を請求する場合には認められず、不正請求とみなされます。**介護サービスでは、事業者の都合だけで効率を求めることは認められません。**

また、訪問介護サービスを担当できる訪問介護員は、介護職員初任者研修課程修了者などの有資格者であって、かつ事業所と雇用契約を結んでおり、管理者の指揮命令下にあることが必要とされています。それ以外の無資格者が訪問介護サービスを行った場合は人員基準違反となります。特に有料老人ホームに併設されている事業所の場合は、資格をもたない一般職員が生活援助サービスを提供しているにもかかわらず、介護報酬を請求するといった不正が多く見受けられます。

第3章

介護保険外の料金、サービスとの関係

(1) 保険外サービスを提供する場合

　都道府県等が定期的に実施する運営指導は、介護保険サービスが適正に行われているかを確認するものであるため、保険外サービスについては本来指導の対象外です。

　しかし、介護保険サービスと保険外サービスが、事業運営において一体となっている場合は指導対象となります。そのため、2つのサービスを明確に分けて管理運営することが重要となります。

〈チェック事項〉

1 保険外サービスの提供

- ☐ 利用者に対して、保険外サービスの事業の目的・運営指針・利用料等が記載された重要事項説明書によりていねいに説明を行ったか
- ☐ サービスの内容・提供時間・利用料等について、利用者の同意を得ているか
- ☐ 契約の締結前後に、利用者の担当ケアマネジャーに対し、サービスの内容や提供時間等を報告しているか
- ☐ 介護保険サービスと保険外サービスを明確に区分して記録しているか

2 事業運営

- ☐ 保険外サービスの事業の目的・運営方針・利用料等について、指定訪問介護事業所の運営規程とは別に定めているか
- ☐ 保険外サービスに関する利用者等からの苦情に対応するための措置を講じているか

1 保険外サービスの提供

- 保険外サービスを提供する場合には、利用者に対して、指定訪問介護の事業とは別事業であり、**介護保険給付の対象とならないサービス**であることを説明し、理解を得ることが必要です。
- ケアマネジャーに対しても、保険外サービスの利用について報告をしなければなりません。

2 事業運営

- 事業所は、保険外サービスに関する苦情を受け付けるための窓口を設置するなど、**苦情対応のための措置を講じる必要があります**。しかし、そもそも訪問介護を提供する事業所の責務として、介護保険の訪問介護に関する苦情対応のための措置を講じることが運営基準で定められています。その措置を、保険外サービスに活用することも認められています。

  ➡ 第1章「(3) その他の運営基準」の「11 苦情処理」34頁を参照

〈チェック事項〉

3 会計

- □ 介護保険の訪問介護の利用料とは別に請求書、領収書を作成して費用を請求しているか
- □ 介護保険サービスと保険外サービスについて会計を区分しているか
- □ 介護保険の訪問介護と同等のサービスを保険外で提供する場合、介護保険の訪問介護の費用額との間に不合理な額の差がないか

4 職員

- □ 訪問介護の常勤換算の計算に、保険外サービスの提供時間を含めていないか
- □ 勤務実績表を作成するときに、保険外サービスのサービス提供時間を含めていないか
- □ 常勤専従であるサービス提供責任者が保険外サービスを提供する場合、業務に支障がない範囲にとどめているか

3 会計

- **請求書や領収書は、介護保険サービスと保険外サービスを分けて別々に作成しなければなりません。**介護保険サービスの請求書や領収書に、保険外サービスの提供分を含めて一枚で済ませることは認められず、指導対象となります。また、契約書や重要事項説明書についても同様で、保険外サービスを行う場合は、別に作成する必要があります。

4 職員

- 毎月作成する**勤務予定表や勤務実績表**についても、保険外サービスの勤務部分を除外して、**介護保険サービスのみで作成します。**
- 常勤専従のサービス提供責任者など人員基準上で常勤専従の配置が求められる職種の者が、併設の高齢者向け住宅の夜勤業務、夕食の配膳の手伝いなどを担当した時点で、専従ではなく兼務扱いとなります。これは明確な人員基準違反で、指導の対象となります。
- ただし、介護保険サービスである訪問介護の提供中やその前後に、保険外となるサービスを利用者やその家族に提供することは、業務に支障がない範囲であれば認められています。

> **注意！** 介護保険サービスと保険外サービスの区切りは明確に！
>
> 　都道府県等による運営指導では、介護保険サービスと保険外サービスについて**職員配置はもちろん、契約書や請求書、領収書などに関しても明確な区切りを求めます。**これは、介護保険サービスと保険外サービスの境目が曖昧となり、介護保険サービスを早く終了したにもかかわらず、当初の提供時間で請求するなどの不正が起こる可能性を排除するためです。
>
> 　例えば、訪問介護事業者が担当職員の効率的な配置と作業効率を考え、午前10時から11時までは介護保険サービスとして身体介護を提供し、その後、同じ担当者が続けて午前11時から12時まで保険外サービスとして同居家族の部屋の清掃を行ったとします。
>
> 　このような場合、「同じ担当者がサービスを提供する場合は、身体介護を提供した時点でいったん事業所に戻り、改めて保険外サービスを提供するために出直す」もしくは、「同じ担当者ではなく別の担当者が保険外サービスを担当するように」と多くの自治体は指導を行っています。

(2) 高齢者住宅併設の場合

〈チェック事項〉

1 減算

☐ 同一建物減算は適切に算定しているか

2 サービスの提供

☐ 生活援助サービスが有料老人ホーム等で提供する入居契約になっている場合、訪問介護サービスで生活援助サービスを提供していないか

3 人員配置

☐ 介護保険サービスと有料老人ホーム等の勤務状態が明確に区別されているか
☐ 兼務している職員の勤務時間について、区別して管理しているか
☐ 常勤専従で配置されているサービス提供責任者が、有料老人ホーム等の職員を兼務していないか。有料老人ホームでの配膳、調理や介護業務、夜勤業務に従事していないか

(2) 高齢者住宅併設の場合

1 減算

- 利用者が、訪問介護事業所に併設されている高齢者住宅に居住している場合、同一建物減算の対象となり、訪問介護費から10～15％減算されることとなります。
  ➡ 第2章「(1) 同一建物減算」76頁を参照

2 サービスの提供

- 掃除や洗濯といった日常生活のサービスの代行、食事の介助などが、有料老人ホーム等の業務として契約条項に含まれている場合は、訪問介護で生活援助サービスを提供することはできません。運営指導時には、住宅部分の賃貸契約書等から確認される事項です。**有料老人ホーム等のサービス**として提供するものと、**介護保険サービス**の訪問介護として提供するものは、**明確に区分しておく**ことが必要です。

> **注意！** ▶曖昧な業務分担は指導対象に！
>
> 運営指導では、曖昧な業務分担について指導されることが多くあります。
> 有料老人ホーム等の1階等に訪問介護事業所が併設されている場合、同じ会社が運営しているため、建物全体を1つの事業所と考えがちです。そうすると、訪問介護事業所の職員が介護保険サービスの提供の合間に、住宅部分の掃除を手伝ったり、食事を準備したり、夜勤を担当したりと、仕事の区分も曖昧になってしまう例が散見されます。
> 運営指導では、訪問介護の業務を保険外の業務と明確に区分して管理することが求められます。住宅部分の運営と介護保険サービスの運営を混同してはいけません。

3 人員配置

- 訪問介護サービスにて配置されるサービス提供責任者は、少なくとも1人は常勤専従でなければいけません。常勤専従のサービス提供責任者が有料老人ホーム等の夜勤業務を長期間に渡って継続・反復して行っていたことを理由として、指定取消しとなった事例もあります。

(3) 医療行為

〈チェック事項〉

1 事業所の登録等

- ☐ 訪問介護事業所が**登録喀痰吸引等事業者**又は**登録特定行為事業者**として登録されているか
- ☐ 喀痰吸引等の業務の手順等を記した**業務方法書**を作成しているか

2 医療行為を行う職員

- ☐ 医療行為を行う職員は、次のいずれかに該当するか
  - a 介護福祉士(平成28年1月以降に合格した者)
  - b 認定特定行為業務従事者
- ☐ 医療行為を行う職員は、訪問介護事業所に雇用されている者か

3 業務の提供体制と実施

- ☐ 医療関係者を含む安全確保のための体制を整備しているか
- ☐ 医療関係者との連携確保・役割分担などの体制を整備しているか
- ☐ 実施する医療行為は、**喀痰吸引**と**経管栄養**に限っているか
- ☐ 医療行為について、**医師の文書による指示**を受けているか
- ☐ 医療行為の実施に関する**計画書**を作成しているか
  - 計画について利用者と家族に説明し、同意を得ているか
  - 利用者に計画書の控えを交付しているか
- ☐ 医療行為の実施状況を記載した**報告書**を作成し、医師に提出しているか
- ☐ 体調急変時などの緊急時に適切に対応できる体制を整備しているか

医療行為は本来、医師と看護職員が行うこととされていますが、一定の要件を満たしていれば、喀痰吸引と経管栄養に限り、介護職員にも認められています。

(3) 医療行為

1 事業所の登録等

- 医療行為（喀痰吸引・経管栄養）を行うには、訪問介護事業所が事前に登録喀痰吸引等事業者（介護福祉士資格の場合）又は登録特定行為事業者（認定特定行為業務従事者資格の場合）の登録を受けている必要があります。
- 訪問介護事業所では、喀痰吸引等の提供体制や業務手順を記載した「業務方法書」を作成する必要があります。

2 医療行為を行う職員

- **医療行為を行うことができる職員は、介護福祉士**（平成28年1月以降の合格者）**と認定特定行為業務従事者に限られています。** 認定特定行為業務従事者になるには、喀痰吸引等研修を修了して認定証の交付を受ける必要があります。
- 派遣労働者（紹介予定派遣を除く）は医療行為を行うことはできません。

> **ポイント** 認定特定行為業務従事者になるための研修
>
> 認定特定行為業務従事者になるためには、介護職員は喀痰吸引等研修を修了して、喀痰吸引等の技能を習得する必要があります。
> 認定特定行為業務従事者になるための研修は次の3つの課程がありますが、訪問介護で不特定多数の利用者を対象にサービスを行うためには、（1）又は（2）の課程による資格が基本的に必要となります。
> （1）広範囲な利用者を対象として、喀痰吸引（口腔内、鼻腔内、気管カニューレ内部）と経管栄養（胃ろう、腸ろう、経鼻経管栄養）のすべてを行うことができる類型。講義50時間＋シミュレーター講習＋実地研修。
> （2）上記（1）のうち、喀痰吸引の「気管カニューレ内部」と経管栄養の「経鼻経管栄養」の2つを除く類型。講義50時間＋シミュレーター講習＋実地研修[※]。
> ※気管カニューレ内部と経鼻経管栄養を除く。
> （3）特定の利用者に対してのみ実施できる資格で、特定の利用者に必要な講習に重点化した類型（ALS等の重度障害者等）。講義9時間＋実地研修[※]。ただし重度訪問介護従事者養成研修と併せて行う場合は20.5時間の講義が必要。
> ※特定の利用者に必要な行為のみ

3 業務の提供体制と実施

- **安全確保のための体制**については、**医師や看護職員を含めたケアカンファレンス**の実施、実践的な研修会の実施、ヒヤリハット等の事例の蓄積や分析について定めておく必要があります。
- **連携体制の確保と役割分担**については、利用者の心身状況等に関する情報共有の方法や定期的な状態確認の方法等を決めて、**介護職員と医師、看護職員との連携体制**を確保し、状況に応じた役割分担を明確にするなど、具体的な連携体制と役割分担について整備しておく必要があります。
- 実施できる医療行為は、**喀痰吸引**（口腔内、鼻腔内、気管カニューレ内部）と**経管栄養**（胃ろう又は腸ろうによる経管栄養、経鼻経管栄養）に限られています。

介護職員の医療行為の範囲

	制限事項	医療行為の範囲
喀痰吸引	咽頭の手前までを限度とする	◎口腔内 ◎鼻腔内 ◎気管カニューレ内部の喀痰吸引
経管栄養	栄養チューブの挿入状態の確認は医師又は看護職員が行うこととする	◎胃ろう又は腸ろうによる経管栄養 ◎経鼻経管栄養

- **医師の文書による指示**については、指示書の様式や具体的な指示の手順等を示した記載要領などを整備した上で、喀痰吸引等の提供の際に個別に医師から指示を受ける必要があります。
- 利用者の心身の状況や医師の指示をふまえ、実施する喀痰吸引等の内容等を記載した計画書を作成する必要があります。また、計画書の内容について利用者とその家族に説明を行い、**利用者の同意**を得た上で喀痰吸引等を実施します。
- **喀痰吸引等実施状況の報告**には、喀痰吸引等の実施日、実施内容、実施結果等を記載します。具体的な報告書の様式、報告頻度や報告の手順等に関する取り決め等を業務方法書に記載しておく必要があります。
- 報告の頻度について法令上の決まりはありませんが、喀痰吸引等がある程度安定して行われている場合は、前述の取り決め等に従って一定の頻度で行います。

(3) 医療行為

- 喀痰吸引等の実施中に利用者の病状が急変したなど緊急の場合は、速やかに医師又は看護職員に連絡するなど、必要な措置を講じなければなりません。このような場合の連携や役割分担の取り決めについて、文書で定めておく必要があります。

医療行為の提供体制

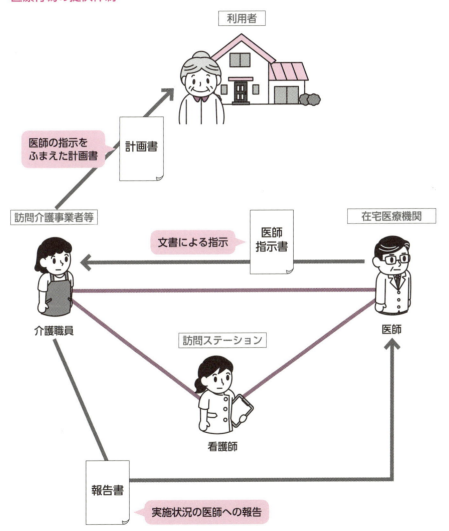

(4) 訪問介護では算定できない事例

　訪問介護として提供されるサービスはさまざまな制約があります。ここでは、生活援助と通院等乗降介助について算定できないものをまとめています。

〈チェック事項〉

1 生活援助

- □ 次に該当するサービスを行った場合、訪問介護サービスの提供時間に含めていないか
  - ○ 直接本人の援助に該当しないサービス
    - □ 商品の販売や農作業等生業の援助的な行為
      - ・家業の店番や接客応対
    - □ 直接、本人の援助に該当しない行為
      - ・家族分の食事の準備、調理、配膳
      - ・共有する居間や家族分の部屋の清掃
      - ・家族分の洗濯、買い物、布団干し
      - ・自家用車の清掃
      - ・病院への付き添い、院内の見守り
      - ・見守り、留守番や話し相手　など
  - ○ 日常生活の援助に該当しないサービス
    - □ 日常的に行われる家事の範囲を超える行為
      - ・家具や電化品の移動、清掃、修理、模様替え
      - ・年末の大掃除、窓ガラス拭き、床磨きやワックスがけ
      - ・おせち料理など特別に手間をかける調理
      - ・名産品、お歳暮やお中元の品などの特別な買い物
      - ・庭木の園芸、庭の手入れ
      - ・理美容
      - ・金銭管理、銀行からの引き出し、記帳　など
    - □ 訪問介護員が行わなくても日常生活に支障がない行為
      - ・草むしり、花草木の水やり、ペットの世話など
      - ・ドライブ、カラオケ、観劇、お祭りの参加など
      - ・年賀状の代筆　など

(4) 訪問介護では算定できない事例

1 生活援助

- 訪問介護として提供されるサービスは、被保険者本人に関するサービスだけが対象となるため、直接、本人の援助に該当しない行為である、同居家族への調理や洗濯や共有部分の掃除などのサービスを提供した場合、訪問介護費の算定はできません。
- **訪問介護において提供できる援助は、原則として日常生活を営むために必要最低限のものに限られています。**したがって、**日常の家事の範囲を超える行為**である、**年末の大掃除や庭の手入れなどでは訪問介護費の算定ができません。**
- 上述の主旨から、訪問介護員が行わなくても日常生活に支障がない行為である、ペットの散歩、ドライブなどを提供した場合も訪問介護費の算定はできません。

車の清掃　　　ペットの散歩

2 通院等乗降介助

- □ 次に該当するサービスを行った場合、訪問介護サービスの提供時間に含めていないか
  - □ 病院等での介助や公共の交通機関での介助のみのサービス
  - □ 乗降時の車両内からの見守りのみ
  - □ 病院内の介助について、次のいずれにも該当しない場合
    - ・病院等のスタッフが利用者の介助に対応できない
    - ・利用者の心身の状態から介助の必要があることをケアマネジャーが確認している
  - □ ケアプランに位置づけていない病院の待ち時間
  - □ 通所サービスや短期入所サービスの事業所への移動

(4) 訪問介護では算定できない事例

2 通院等乗降介助

- **通院等乗降介助**は、**居宅で行われる目的地に行くための準備を含む一連のサービス行為**であるため、居宅から出発するか居宅に到着するか、どちらかでなければ成立しません。例えば、病院で待ち合わせて院内での介助のみを行ったり、バス停から病院までのバス移動のみを介助するような場合は、訪問介護費は算定できません。
- 居宅からの準備を含む一連のサービスであっても、乗降介助については**具体的に介助する行為**が求められます。見守りについては、利用者の移動や乗降の必要時だけ介護を行い、事故がないように側について歩いたり常に見守る場合は算定対象となりますが、乗降時に車両内から見守るのみでは算定できません。
- 病院等の医療機関内の院内介助は、基本的には病院等のスタッフが対応すべきものですが、**病院等が対応できない場合は、訪問介護員による院内介助が可能**となります。その場合は、利用者の心身の状況から院内介助が必要であることを、居宅介護支援事業所のケアマネジャーが確認している必要があります。通常、算定できる院内介助は病院内の移動やトイレ等の介助です。
- **病院等での待ち時間は、訪問介護の算定対象外**とされる場合があります。重度の認知症のため徘徊等で常時見守りが必要であったり、1人で椅子に座ることができず常時支え等が必要という重度の利用者であれば、状況により診察時間以外は対象となることがあります。その場合は、事前にケアマネジャーと市町村とで検討した上でケアプランに位置づけることが求められます。
- 利用者の居宅と通所サービスや短期入所サービスの事業所との間の送迎については、原則として訪問介護費を算定できません。利用者の心身の状態が理由で通所サービスや短期入所サービスの送迎車を利用することができない場合であれば、算定できることがあります。

なお、以上のサービスについては、介護保険サービスでの対応が認められない場合であっても、保険外サービスとしての提供は可能です。

(5) 共生型サービス

1 共生型サービスとは

　平成30年4月から、高齢者（介護保険の利用者）と障害者（障害福祉サービスの利用者）が同じ事業所でサービスを受けやすくするため、「共生型サービス」が創設されました。
　共生型サービスは、介護保険と障害福祉の両方の制度に新たに位置づけられており、介護保険又は障害福祉のいずれかの指定を受けている事業所であれば、もう一方の制度における「共生型サービス」の指定を受けてサービスを提供することができます。

2 訪問介護事業者が障害福祉サービスの指定を受ける場合

- 共生型サービスは、**介護保険サービスの指定を受けた事業所であれば、基本的に障害福祉（共生型）の指定を受けることができる**という制度です。しかし、訪問介護サービスについては、介護保険サービスの指定を受けていれば、障害福祉サービスの基準をクリアすることとなるため、取扱いについても従来と変更はありません。
- 訪問介護事業者が指定を受けることができる障害福祉サービスは**居宅介護、重度訪問介護**です。
- 訪問介護事業者が障害福祉サービスの居宅介護、重度訪問介護の指定を受ける場合、すでに障害福祉サービス側の指定基準等も満たされていることになるため、通常の障害福祉サービス費を算定することが可能です。障害福祉サービスの各種加算についても、指定障害福祉サービスと同様の算定要件を満たせば算定可能です。
- 介護保険サービスと障害福祉サービスの併設のメリットは、同じサービス内容であれば介護保険の区分支給限度額を超過した分から障害福祉サービスの請求に切り替えが可能であることです。

(5) 共生型サービス

3 障害福祉サービス事業者が訪問介護サービスの指定を受ける場合

「共生型サービス」の創設により、障害福祉サービスの居宅介護、重度訪問介護を提供する事業所が指定を受ければ、介護保険の「共生型訪問介護」を提供することができます。その場合の報酬は、通常の訪問介護費から7〜30％減算された単位として設定されています。

共生型訪問介護

報酬・減算名	単位数
●減算	
指定居宅介護事業所で障害者居宅介護従業者基礎研修課程修了者等が行う場合	×70/100
指定居宅介護事業所で重度訪問介護従業者養成研修修了者が行う場合	×93/100
指定重度訪問介護事業所が行う場合	×93/100

著者紹介

小濱　道博（こはま　みちひろ）
小濱介護経営事務所代表。
北海道札幌市出身。全国で介護事業の経営支援、コンプライアンス支援を手がける。介護経営セミナーの講師実績は、北海道から沖縄まで全国で年間250件以上。個別相談、個別指導も全国で実施。全国の介護保険課、介護関連の各協会、社会福祉協議会、介護労働安定センター等主催の講演会での講師実績も多数。C-MAS介護事業経営研究会 最高顧問、C-SR一般社団法人医療介護経営研究会専務理事なども兼ねる。

サービス・インフォメーション

──通話無料──
① 商品に関するご照会・お申込みのご依頼
　　　　TEL 0120(203)694／FAX 0120(302)640
② ご住所・ご名義等各種変更のご連絡
　　　　TEL 0120(203)696／FAX 0120(202)974
③ 請求・お支払いに関するご照会・ご要望
　　　　TEL 0120(203)695／FAX 0120(202)973

●フリーダイヤル（TEL）の受付時間は、土・日・祝日を除く
　9:00～17:30です。
●FAXは24時間受け付けておりますので、あわせてご利用ください。

令和6年度介護報酬改定対応
運営指導はこれでOK！
おさえておきたい算定要件
【訪問介護編】

2024年9月10日　初版発行

著　者　　小　濱　道　博
発行者　　田　中　英　弥
発行所　　第一法規株式会社
　　　　　〒107-8560　東京都港区南青山2-11-17
　　　　　ホームページ　https://www.daiichihoki.co.jp/

ブックデザイン　タクトシステム株式会社
イラスト　　後藤ひろみ

運営指導訪問6　ISBN 978-4-474-09545-8　C2036（5）